Hermann Kügler

Streiten lernen

Von der Rivalität zur Kooperation

Ignatianische Impulse
Herausgegeben von Stefan Kiechle SJ, Willi Lambert SJ
und Martin Müller SJ
Band 56

Ignatianische Impulse gründen in der Spiritualität des Ignatius von Loyola. Diese wird heute von vielen Menschen neu entdeckt.

Ignatianische Impulse greifen aktuelle und existentielle Fragen wie auch umstrittene Themen auf. Weltoffen und konkret, lebensnah und nach vorne gerichtet, gut lesbar und persönlich anregend sprechen sie suchende Menschen an und helfen ihnen, das alltägliche Leben spirituell zu deuten und zu gestalten.

Ignatianische Impulse werden begleitet durch den Jesuitenorden, der von Ignatius gegründet wurde. Ihre Themen orientieren sich an dem, was Jesuiten heute als ihre Leitlinien gewählt haben: Christlicher Glaube – soziale Gerechtigkeit – interreligiöser Dialog – moderne Kultur.

Hermann Kügler

Streiten lernen

Von der Rivalität zur Kooperation

echter

Bibliografische Information der Deutschen Nationalbibliothek

Die Deutsche Nationalbibliothek verzeichnet diese Publikation in der Deutschen Nationalbibliografie; detaillierte bibliografische Daten sind im Internet über <http://dnb.d-nb.de> abrufbar.

www.echter-verlag.de
Umschlag: Peter Hellmund
Druck und Bindung: CPI – Clausen & Bosse, Leck
ISBN
978-3-03540-2 (Print)
978-3-04661-3 (PDF)
978-3-06070-1 (ePub)

Inhalt

Hinführung

Seit einigen Jahren halte ich regelmäßig Seminare zum Thema »Streiten lernen«. Die Teilnehmenden berichten zu Anfang fast immer: Einerseits empfinden sie Streit und Konflikte als unangenehm: in der Alltagssprache ist »Streit« oft gleichbedeutend mit »Zank« und »Zwietracht«. Wer streitet, scheint den Kontakt und die Begegnung zu stören. Im Arbeitsfeld schwächt Streit unter Kollegen und mit dem Vorgesetzten die Effizienz von Arbeitszusammenhängen. Im privaten Leben kann er Freundschaften und Liebesbeziehungen extrem belasten. Andererseits kann ein »richtiger Streit« aber auch wie ein reinigendes Gewitter wirken. Streit – verstanden als das offene Austragen einer Meinungsverschiedenheit zwischen zwei oder mehreren Personen oder Gruppierungen – muss eben nicht immer und nicht notwendigerweise feindselig sein.
Man kann darüber spekulieren, ob es im Himmel keinen Streit mehr geben wird. Aber seit der Vertreibung aus dem Paradies ist mit dem Menschsein mitgegeben, dass Streiten unvermeidbar ist. Wir Menschen sind zugleich einmalig und unterschiedlich. Selbst wenn zwei Menschen die gleiche Auffassung in der Sache teilen, kann der eine sich so ungeschickt verhalten, dass er eine Gegenposition regelrecht provoziert.
Wenn ich mit anderen streite, kann das sogar Ausdruck meiner Achtung und meines Respekts dem anderen gegenüber sein. Er oder sie ist mir so wichtig, dass ich mit ihm streite und ihn damit ernst nehme und nicht einfach den Kontakt abbreche oder ihn nicht beachte. Streit unter uns Menschen entsteht ja nicht deshalb,

weil wir meistens lieblos, bösartig oder egoistisch wären. Sondern: Jeder Mensch ist einmalig und wir alle sind verschieden; und wir wollen unterschiedliche Dinge, wenn wir zusammen leben und arbeiten.
In einer bestimmten Situation kommt hinzu, dass verschiedene Menschen denselben Sachverhalt oft völlig verschieden wahrnehmen. Fragen Sie fünf Zeugen eines Verkehrsunfalls, und Sie werden sechs verschiedene Varianten zu hören bekommen. Vermutlich werden Ihnen die meisten Zeugen auch gleich Erklärungen mitliefern, wer schuld ist und wer was falsch gemacht hat! Das liegt nicht daran, dass vier der fünf Zeugen lügen oder Hellseher sind. Vielmehr sind unsere Wahrnehmungen unterschiedlich und wir interpretieren und bewerten unsere Wahrnehmungen nochmals auf verschiedene Weisen. Und das hängt noch einmal von der Tagesform ab!
Sage ich zu meinem Gegenüber: »Dein freches Lachen gefällt mir nicht«, dann bewerte ich sogar gleich doppelt: Erstens qualifiziere ich sein Lachen als frech, und zweitens mache ich eine Aussage über unser Verhältnis zueinander. Wenn wir dann unsere Wahrnehmungen gegenüberstellen und unsere Interpretationen und Bewertungen abgleichen, ist es unvermeidlich, dass wir darüber streiten.
Wie gelingt es uns aber, miteinander so zu streiten, dass wir die destruktiven Seiten des Streitens möglichst begrenzen und die konstruktiven entfalten? Wie geht das in einer Freundschaft, Partnerschaft oder Arbeitsbeziehung und auch bei Konflikten, die durch das eigene Herz gehen?
Die Lektüre dieses Buches wird Ihnen die persönliche Auseinandersetzung mit diesen Fragen nicht ersparen können. Aber sie kann vielleicht ein wenig dazu bei-

tragen, dem eigenen Streitverhalten auf die Spur zu kommen. Und sie kann ermutigen, Streiten und Auseinandersetzungen als etwas Positives zu sehen, das uns bereichert und zu mehr »Leben in Fülle« führt – was ja nicht nur den Christenmenschen verheißen ist (vgl. Joh 10,10).

Danke sage ich allen Menschen, die mit mir in den letzten Jahren konstruktiv gestritten haben und von denen ich einiges über eigene Empfindlichkeiten und blinde Flecken und ihre Aufhellung gelernt habe. Besonders danke ich Andreas Franz, Constanze Janert, Jeannine Lenker und Renate Waldschütz-Leich für viele gute Gespräche und für ihre fruchtbare und wohlwollende Kritik am Buchmanuskript.

Leipzig, im Sommer 2012 *Hermann Kügler SJ*

1. Wie ist mein vorrangiges Streitverhalten?

Streit kostet Zeit und Kraft und stört die Harmonie des Miteinanders. Vielleicht haben Sie schon selbst erfahren, dass Freundschaften nach einer heftigen Auseinandersetzung zerbrochen sind. Man hat sich nichts mehr zu sagen und geht sich nur noch aus dem Weg.
In der Arbeitswelt beklagen Mitarbeiter und Mitarbeiterinnen Mobbing am Arbeitsplatz, also Psychoterror mit dem Ziel, jemanden aus dem Betrieb hinauszuekeln. Ständig und wiederholt wird jemand gequält und schikaniert, indem Falsches über ihn verbreitet oder er andauernd kritisiert oder sozial isoliert wird und sich nicht dagegen wehren kann.
Gleiches passiert in der Jugendarbeit oder im Sportverein und auch in den Kirchen und Pfarrgemeinden. Von heute auf morgen werfen langjährige ehrenamtliche Mitarbeiten »den Bettel hin«, weil sie den dauernden Zank und Streit nicht mehr ertragen wollen oder können. Das ist die destruktive Seite von Auseinandersetzungen.
Anderseits wirkt ein richtiger Streit wie ein reinigendes Gewitter, wenn geklärt werden kann, was schon lange in der Luft lag. Eine Liebesbeziehung gewinnt dann an Tiefe und Intensität. In der Arbeitswelt steigt die Produktivität und beim ehrenamtlichen Engagement die Motivation. Das ist die konstruktive Seite von Auseinandersetzungen.
Meine Erfahrung und Überzeugung ist, dass Konflikte zwischen Menschen und folglich Auseinandersetzungen und Streit nicht nur unvermeidbar, sondern

notwendig sind. Ziel ist deshalb, beim Streiten die destruktiven Seiten zu begrenzen und die konstruktiven zu entfalten. Leider ist das einfacher gesagt als getan. Wenn heftige Emotionen ins Spiel kommen – was beim Streiten meist der Fall ist –, dann geraten die Sach- und die Beziehungsebene schnell durcheinander.

Damit mache ich eine zunächst theoretische Unterscheidung, die sich in der Praxis als nützlich erwiesen hat. In einem Fadenkreuz kann man sich das so verdeutlichen: Auf der *Sach*ebene bringt sich der eine mit seinem Anliegen aktiv beim Streiten ein; der andere bleibt in der Sache völlig passiv. Auf der *Beziehungs*ebene wird dem einen daran gelegen sein, die Beziehung auch beim Streiten wertzuschätzen und positiv zu gestalten; dem anderen ist es völlig egal, wenn die Beziehung beim Streiten Schaden nimmt.

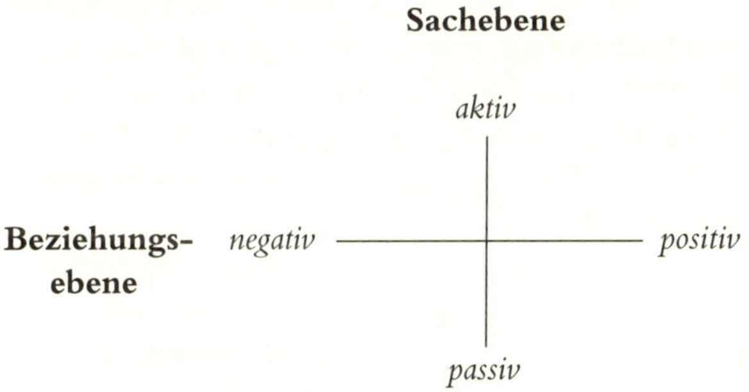

Untersuchungen haben gezeigt,[1] dass es letztlich fünf Konfliktstile gibt: Wir können *forcieren, ausweichen, zudecken, einen Kompromiss eingehen* oder *konfrontieren.*

Wer einen Konflikt *forciert,* der will ihn um jeden Preis gewinnen. Ihm geht es um die »Sache«, die Bezie-

hungsebene ist ihm mehr oder weniger gleichgültig. Was der andere fühlt und erlebt, ist ihm egal. Er will den Streit gewinnen, auch wenn das die Beziehung schädigt. Man kann sich leicht vorstellen, dass dieser Stil bei Beziehungsklärungen nicht sehr erfolgreich ist.
Der »*Ausweichler*« geht dem Konflikt aus dem Weg. Er spricht weder die Sach- noch die Beziehungsebene an. Er »hält sich raus« und verlässt möglichst schnell den Kampfplatz. Die Entscheidungen treffen dann die anderen. Weder in der Sache noch auf der Beziehungsebene trägt der Ausweichler zu einer Lösung bei.
Der »*Zudecker*« versucht, eine freundschaftlich-harmonische Atmosphäre auf der Beziehungsebene zu erhalten. Auf der Sachebene wird er nicht aktiv und trägt auch nichts dazu bei, dass man in der Sache weiterkommt. Im ersten Augenblick mag es ganz erfreulich sein, wenn jemand nicht gleich »losballert«, sondern erst mal die Beziehung positiv gestaltet. Aber wer *ausweicht* oder *zudeckt*, streitet eigentlich gar nicht, sondern entzieht sich dem Konflikt.
Für viele Menschen scheint die Suche nach einem *Kompromiss* der beste Weg zu sein. Beide Seiten stecken ein wenig zurück. Man versucht auf der Sach- wie auf der Beziehungsebene zu einer Verabredung zu kommen, mit der beide leben können. Aber hier liegt auch die Grenze. Weil die Streitparteien weder sachlich noch gefühlsmäßig voll auf ihre Kosten kommen, ist die Gefahr groß, dass der Konflikt bei der nächsten Gelegenheit wieder aufflammt und der erreichte Kompromiss kein guter ist, sondern sich als faul erweist.
So bleibt als fünfter Stil und Königsweg die Konfrontation. Das Wort heißt eigentlich: »von Angesicht zu Angesicht«, oder auch: »von Stirn zu Stirn«. *Konfron-*

tieren bedeutet, jemandem die Stirn zu bieten und ein Problem so offen und klar wie möglich anzusprechen, dabei die eigenen Gefühle mitzuteilen und die des Gegenübers zu akzeptieren. Wenn ich einen anderen konfrontiere, mache ich ihn auf Aspekte seines Verhaltens aufmerksam, die er selber nicht sieht. Ich teile ihm mit, was sein Verhalten bei mir auslöst. Dieser Konfliktstil ist der wirksamste. Die Wahrheit liegt eben nicht immer in der Mitte.

Sachebene

aktiv

Forcieren *Konfrontieren*

Beziehungs-ebene *negativ* Kompromiss *positiv*

Ausweichen *Zudecken*

passiv

Jeder dieser Konfliktstile hat seine Vor- und Nachteile; und manche Verhaltensweisen sind in bestimmten Situationen nicht wirklich angebracht. Bei einer parlamentarischen Debatte wird es vermutlich nicht klug sein, wenn der Versammlungsleiter auffordert, dass zu Beginn der Aussprache die Beteiligten erst einmal ihre Gefühle offenlegen. »Ich bin hierhergekommen, um Politik zu machen, nicht um an einem Selbsterfahrungskurs teilzunehmen«, ist darauf die angemessene Reaktion. Auch zu Beginn einer Gerichtsverhandlung wird der vorsitzende Richter die Konfliktparteien

kaum auffordern, zunächst die jeweilige Befindlichkeit mit Fingerfarben auf einem Plakat auszudrücken.
Ein anderes Beispiel: Eine Gruppe von fünf katholischen Ordensfrauen plante ein gemeinsames Wohn- und Lebensprojekt in einem sozialen Brennpunkt einer europäischen Großstadt. Die beteiligten Ordensschwestern waren von Beruf fast alle Sozialarbeiterinnen. Für die Startphase des gemeinsamen Lebens und Arbeitens hatten sie mich gebeten, sie als Supervisor zu begleiten. Kurze Zeit nach Projektbeginn kam die lebenspraktische Frage auf, ob es dann und wann zum Abendessen eher Exportbier oder Pils zu trinken geben solle. Die Meinungen darüber waren geteilt und die Diskussion lang und heftig. Es dauerte mehrere Wochen, bis die Gruppe merkte: Es geht gar nicht um Export oder Pils, sondern um darunterliegende Fragen. Wer hat wem etwas zu sagen? Wie kommt man zu Entscheidungen? Wer setzt sich durch und behauptet sich in der Gruppe und wer muss zurückstecken und machen, was die anderen wollen? Soll man einen Kompromiss schließen?
Auch wenn alle fünf Modelle ihre Vor- und Nachteile haben, ist doch das Konfrontationsmodell langfristig das nachhaltigste und hat die höchste Effizienz. Bei dieser Form zu streiten erfassen die Beteiligten auf der Sachebene die Fakten und Gegebenheiten so genau wie möglich. Sie entwickeln eine möglichst klare Sicht, was verhandelt werden kann und was als gegeben hingenommen werden muss. Was kann gleich gelöst werden und was erst in einiger Zeit? In welcher Reihenfolge sind also die Probleme anzugehen, damit man nicht den zweiten Schritt vor dem ersten macht? Zugleich werten sie ihr Gegenüber nicht nur nicht ab, sondern gestalten so weit wie möglich eine wertschät-

zende Atmosphäre mit. Die Beteiligten wollen nicht in erster Linie über den Streitpartner den Sieg erringen, sondern suchen miteinander nach einer für alle Seiten tragfähigen Lösung. Sie wissen, dass es gute Gründe geben kann für ein Ergebnis, das mehr ist als ein Kompromiss zwischen auseinanderstrebenden Interessen. Vielleicht gibt es ja nicht nur die Wahl zwischen A und B, sondern auch noch weitere Möglichkeiten.
So zu streiten, setzt voraus, dass alle Beteiligten die Fähigkeit und den Willen haben, sich aktiv in der Sache *und* auf der Beziehungsebene zu beteiligen. Dabei kann es helfen, sich zu fragen

– *in der Sache*: Um was genau geht es? Worum geht es vordergründig, worum tatsächlich? Gibt es Unterthemen oder »geheime Themen« hinter dem, was vordergründig genannt wird? Was führte zum Konflikt? Welche Einflüsse gibt es von außen?

– *auf der Beziehungsebene*: Wer ist direkt beteiligt? Gibt es Abhängigkeiten, Verflechtungen – privat oder halb privat? Wie bin ich betroffen? Wie erlebe ich mich in diesem Konflikt? Was ist mein Anteil und mein Anliegen und was ist Anteil und Anliegen des oder der anderen? Was möchte ich ändern und welche Zielvorstellungen habe ich? Welche Schritte sind möglich in Richtung einer Lösung? Was will ich selber dazu beitragen?

Solch aktives Involviert-Sein sowohl in der Sache als auch in der Beziehung wird den meisten Menschen vermutlich nicht auf Anhieb gelingen und lässt sich auch nicht einfach mit einem Willensbeschluss erreichen. Kein Mensch ist in allen Streit-Situationen integer wie Mutter Teresa, klug wie Marc Aurel und durchsetzungsfähig wie ein Bulldozer. Sich an einem solchen Ideal messen zu wollen ist gänzlich unrealistisch.

Wie findet man ein halbwegs realistisches Selbstbild über eigene Möglichkeiten und Grenzen? Die ignatianische Spiritualität und insbesondere die Spiritualität der Exerzitien kann dazu eine Hilfe sein. Ignatius von Loyola selbst war ein kämpferischer Mensch.[2] Als baskischer Adliger war er in einem entsprechenden Milieu groß geworden. Ehre und Ruhm – vor allem durch Turniere u.Ä. – waren seine Lebensziele, als er jung war.

Die Wende brachte eine Kriegsverletzung. Durch den Todeskampf hindurch, durch die Lektüre des »Lebens Jesu« und der Lebensbeschreibung der kirchlichen Heiligen änderten sich langsam für Ignatius das Kampfziel und die Kampfweise. Er wurde – so schreibt er selber – wie ein blinder Schüler in die Schule Gottes genommen, als er noch keine Ahnung hatte, was »Demut, Liebe und Geduld« seien. Seinen Degen hängte er in einem Marienheiligtum auf.

Zeit seines Lebens hatte er Mühen und Kämpfe zu bestehen. Neunmal war er von der Inquisition angeklagt. Auf schwierigen Reisen zu Schiff und durch viele Kampfgebiete hindurch, als Spion verdächtigt, verhaftet und in Ketten gelegt, geriet er oft in Todesgefahr. Er kämpfte um seine soziale Position, um die Zuneigung von Frauen, um sein Selbstbild, um Gesundheit, um einen gnädigen Gott, gegen Selbstmordgedanken, um kirchliche Anerkennung, um Gewinnung von Gefährten und vor allem um und für Menschen und deren »Heil«.

Dabei beherrschte er die Kunst des konstruktiven Streitens und der Konfrontation in hohem Maße. Den Orden, den er gründete, sah er in der Nachfolge des »kämpfenden Jesus«. Seine Mitbrüder schickte er dorthin, wo die Lage in Kirche und Welt besonders schwierig und herausfordernd war. Für ihre Aufgaben und Aufträge sind sie vorbereitet durch die Erfahrungen der Exerzitien.

Zugleich ist Ignatius sehr realistisch, wenn es darum geht, sich und andere nicht zu überfordern. Schmerzliche Erfahrungen haben ihn gelehrt, die eigenen Grenzen zu respektieren und mit sich selbst und anderen barmherzig umzugehen. Von niemandem soll etwas verlangt werden, was über die eigene Fassenskraft geht. Er respektiert die Einmaligkeit und Einzigartigkeit eines jeden Menschen und ist überzeugt davon: »Es gibt keinen größeren Fehler in den geistlichen Dingen, als die anderen nach sich selbst leiten zu wollen.«

Deswegen geht es in der Anfangsphase eines spirituellen Weges um eine realistische Sicht eigener Möglichkeiten und Grenzen, eigener Verletzungen und Hindernisse. Ignatius ist überzeugt: Solange sich jemand mit den Verletzungen des eigenen Lebens nicht ausgesöhnt und seine zwischenmenschlichen Beziehungen nicht geklärt hat, soll er sich nicht mit Überlegungen befassen, ob er »unter dem Banner des Kreuzes Christus nachfolgen will«.

2. Streit in mir selbst

Durch die ganze Geschichte der christlichen Theologie zieht sich die Auffassung, dass der Mensch weder ganz gut noch ganz böse ist. Ein wenig naiv gesagt ist es seine Lebensaufgabe, das Böse zu meiden und das Gute zu suchen. Das läuft nicht ohne innere Kämpfe ab. Aus den vielen kirchlichen Schlüsseltexten zu diesem Thema greife ich zwei heraus, die fast 2000 Jahre auseinanderliegen.

Die pastorale Konstitution des Zweiten Vatikanischen Konzils (1961–1965) über die Kirche in der Welt von heute, »Gaudium et spes«, sagt dazu: »So ist der Mensch in sich selbst zwiespältig. Deshalb stellt sich das ganze Leben des Menschen, das einzelne wie das kollektive, als Kampf dar, und zwar als ein dramatischer zwischen Gut und Böse, zwischen Licht und Finsternis. Ja, der Mensch findet sich unfähig, durch sich selbst die Angriffe des Bösen wirksam zu bekämpfen, so dass ein jeder sich wie in Ketten gefesselt fühlt« (GS 13).

Den anderen Schlüsseltext hat mehr als 1900 Jahre vorher der Apostel Paulus geschrieben. Er steht im siebten Kapitel des Römerbriefes, der wie eine Zusammenfassung der Verkündigung und Theologie des Apostels Paulus ist: »Ich begreife mein Handeln nicht. Ich tue nicht das, was ich will, sondern das, was ich hasse. … Ich weiß, dass in mir, das heißt in meinem Fleisch, nichts Gutes wohnt; das Wollen ist bei mir vorhanden, aber ich vermag das Gute nicht zu verwirklichen. Denn ich tue nicht das Gute, das ich will, sondern das Böse, das ich nicht will. Wenn ich aber das tue, was ich nicht will, dann bin nicht mehr ich es, der so handelt, sondern die in mir wohnende Sünde. Ich stoße also auf das Gesetz, dass in mir das Böse vorhanden ist, obwohl ich das Gute tun will. Denn in meinem Innern freue ich mich am Gesetz Gottes, ich sehe aber ein anderes Gesetz in meinen Gliedern, das mit dem Gesetz meiner Vernunft im Streit liegt und mich gefangenhält im Gesetz der Sünde, von dem meine Glieder beherrscht werden. Ich unglücklicher Mensch! Wer wird mich aus diesem dem Tod verfallenen Leib erretten?« (Röm 7,15–24).

Paulus wie auch das Zweite Vatikanische Konzil führen dann weiter aus: Der Mensch ist mit Vernunft und Freiheit ausgestattet. Er kann das, was er als gut erkannt hat, tatsächlich auch tun und muss es nicht aus lauter Sorge, dabei zu kurz zu kommen, unterlassen.

Die ignatianische Spiritualität hilft, diese Spannung erstens in sich selbst zu entdecken und zweitens diesen inneren Kampf tatsächlich auch zu führen und nicht aus lauter Angst um sich selber zu vermeiden. Die Exerzitien sind allerdings kein Instrumentarium, um dafür geeignet scheinende Techniken zu erlernen. Sie setzen tiefer an: Die menschliche Seele selber ist wie ein großer Kampfplatz, anschaulich dargestellt in einem archetypischen Bild von zwei Heerlagern, in denen die jeweiligen Heerführer Anhänger unter ihre Banner sammeln wollen: Jesus an einem »lieblichen Ort bei Jerusalem« und »der Feind der menschlichen Natur« auf einem Thron aus Feuer und Rauch bei Babylon (EB 136–148).

Wer »unter dem Banner des Kreuzes« Jesus Christus nachfolgt, um den Menschen zu dienen, soll fähig und bereit sein, hart zu arbeiten und auch zu kämpfen, ohne auf eigene Verwundungen zu achten.

Noch einmal: Es ist ja nicht einfach so, dass sich hier die guten Menschen und da die bösen gegenüberstehen; sondern der »Kampfplatz« ist das eigene Herz. Aber wie kann man es riskieren, »unter dem Banner des Kreuzes Christus nachzufolgen« und den Menschen zu dienen? Auch der »Feind der menschlichen Natur« macht ja ein verlockendes Angebot, nämlich »Reichtum, Ehre und die Überzeugung, etwas Besseres zu sein als die anderen Menschen«.

Wem das Bild aus dem Exerzitienbuch zu kriegerisch ist, der ist vielleicht mit dieser Weisheitsgeschichte besser beraten: *Ein alter Indianer saß mit seinem Enkelsohn am Lagerfeuer. Es war schon dunkel geworden und das Feuer knackte, während die Flammen in den Himmel züngelten. Der Alte sagte nach einer Weile des Schweigens: »Weißt du, wie ich mich manchmal fühle? Es ist, als ob zwei Wölfe in meinem Herzen miteinander kämpfen würden. Einer der beiden ist rachsüchtig, böse und grausam. Der andere hingegen ist liebevoll, mitfühlend und solidarisch.« – »Welcher der beiden wird den Kampf um dein Herz gewinnen?«, fragte der Junge. »Der Wolf, den ich füttere«, antwortete der Alte.*[3]

Zurück zur Exerzitienspiritualität. Wie gelingt es, »den richtigen Wolf zu füttern« bzw. – in der Sprache des Bildes vom Kampfplatz – »unter dem Banner des Kreuzes zu kämpfen«?

In meinen folgenden Überlegungen, *wie* das gehen kann,[4] gehe ich von drei Annahmen aus.

Erstens: Jeder Mensch steht vor der Aufgabe, nach seiner leiblichen Geburt in einem lebenslangen Arbeits- und Lernprozess seine unverwechselbare und einmalige Persönlichkeit »zur Welt zu bringen«.

Zweitens nehme ich an: Für die Entwicklung der eigenen Persönlichkeit reicht es nicht aus, lediglich der Befriedigung eigener Bedürfnisse Raum zu geben.

Genauso wichtig ist es, das eigene Leben auf Werte hin auszurichten. Dabei ist es erforderlich, erlernte und übernommene Werte kritisch zu prüfen, bevor sie in das eigene Lebenskonzept integriert werden.

Drittens: Jeder Mensch steht sein Leben lang in der Spannung, einerseits sein Leben auf Werte hin auszurichten und andererseits seine vitalen Bedürfnisse zu befriedigen. Die Vorstellung, die jemand idealtypisch von sich hat, bezeichne ich als sein »Ideal-Ich« und die Art und Weise, wie jemand tatsächlich lebt, als sein »Real-Ich«.

Noch einmal: Das *Ideal-Ich* enthält die Gesamtheit der Werte, Ziele und Leitideen einer Person, auf die sie ihr Leben ausrichten möchte. Vor allem religiöse und ethische Werte im Ideal-Ich ermöglichen es einem Menschen, sich selbst auf ein Ziel hin zu »transzendieren«. Das *Real-Ich* umfasst seine tatsächlichen Eigenschaften und Charakterzüge und spiegelt die bewussten und verborgenen Bedürfnisse. Die Grundwerte, auf die hin jemand sein Leben ausrichten will, ergeben sich aus der gewählten – oder auch vom Schicksal auferlegten – Lebensweise.

Ein paar Beispiele: Wer in einer Partnerschaft lebt, würde wohl als lebensbestimmende *Werte* nennen: exklusive Liebe und ausgewogenes Geben und Nehmen in der Partnerschaft. Menschen, die in einer Familie leben und Kinder erziehen, würden vielleicht sagen: Unsere Kinder sollen eigenständig, verantwortungsvoll und lebensfroh heranwachsen und auch Grenzen erfahren und akzeptieren lernen. Christliche Mönche und Nonnen würden vermutlich angeben: ein einfaches Leben und Gütergemeinschaft, die Bereitschaft, Aufgaben im Sinne der Gemeinschaft zu übernehmen, auch wenn sie persönlich nicht allzu befriedigend sind, und die tendenzielle Offenheit für echte Liebe zu den Menschen. Und wer Single ist, wird vermutlich noch andere Nuancen angeben. Ein eigenes Thema wäre, was zu dieser Frage solche Menschen sagen, die nicht zur europäischen Mittelschicht, sondern zum sozial unteren Drittel der Zwei-Drittel-Gesellschaft gehören, oder jene, die in Kriegsgebieten leben oder verfolgt werden.

Über die eigenen *Bedürfnisse* bekommt man Klarheit, wenn man sich – am besten ohne zu bewerten – beispielsweise fragt: Welche Bedürfnisse habe ich in Bezug auf Sexualität, Macht und Geld? Wie möchte ich Geld und Gut erwerben und wie Macht und Einfluss ausüben? Wie möchte ich streiten und meine Aggressionen leben? Welche Phantasien und Wünsche habe ich in meiner sexuellen Orientierung? Wer diese Fragen für sich beantwortet, wird zunächst nur jene Bedürfnisse wahrnehmen, die ihm/ihr schon bewusst sind – klar! Denn die unbewussten bekommt man ja durch Nachdenken nicht heraus, was nicht heißt, dass sie nicht dennoch wirksam sind.

Natürlich gibt es noch zahlreiche andere lebensbestimmende Bedürfnisse. Ich erwähne die genannten deswegen, weil die kommerzielle Werbung uns Menschen vor allem in diesen Lebensbereichen anspricht. Wer zu einer klaren und realistischen Sicht der eigenen Bedürfnisse findet, wird vermutlich entdecken, dass es Bedürfnisse gibt, die mit den eigenen Werten leichter vereinbar sind, und solche, die schwerer damit vereinbar sind. Der Wunsch, seine Zuneigung einem anderen Menschen zu zeigen oder konstruktiv mit ihm zu streiten, ist mit dem christlichen Menschenbild gut vereinbar. Dagegen wäre der Wunsch, sich anderen Menschen gegenüber klein und abhängig zu machen, nur schwer damit in Einklang zu bringen.

Oder regt sich, wenn Sie das lesen, Ihr Widerspruch? Manche früheren christlich-spirituellen Selbstverständlichkeiten liefen ja eher in eine andere – einseitige – Richtung: Man müsse zurückhaltend und immer freundlich sein. Und der »süße Jesus« auf den entsprechenden Andachtsbildchen tat sicher seinen Teil dazu bei, eine solche Haltung zu fördern. Im sechsten Kapitel wird es darum gehen, wie Jesus gestritten hat und welche Konsequenzen für heute und für das christliche Menschenbild daraus folgen können.

Leben in der Spannung zwischen Ideal-Ich und Real-Ich

Die Grundspannung zwischen Ideal-Ich und Real-Ich kann auf recht unterschiedliche Weise gelebt werden. Von einem tiefenpsychologischen Ansatz ausgehend, unterscheide ich, etwas vereinfacht gesagt, drei Formen.

– die reife, voll entfaltete Form

Verschiedene Bedürfnisse werden wahrgenommen. Entweder gelingt es, sie in das Ganze der Persönlichkeit so zu integrieren, dass ihre Befriedigung der Ausrichtung des eigenen Lebens auf Werte nicht widerspricht. Oder man verzichtet – wenn sie den Werten widersprechen – bewusst und gewollt um seiner Werte willen auf ihre Befriedigung. So hält jemand, der in einer Liebesbeziehung lebt, nicht ständig nach neuen potentiellen Partnerinnen oder Partnern Ausschau – auch wenn es ihn noch so sehr reizt. Personen, die die Spannung zwischen ihrem Ideal-Ich und ihrem Real-Ich vorwiegend auf diese Weise leben, setzen sich realistische und zugleich herausfordernde Ziele und stellen sich Aufgaben, an denen sie wachsen können. So leben sie diese Grundspannung auf kreative Weise.

– die eingeschränkt-behinderte Form

Bestimmte Bedürfnisse können oder dürfen nicht wahrgenommen und schon gar nicht gelebt werden; sie fristen ein Schattendasein. Infolgedessen können sie weder direkt befriedigt werden noch ist ein freiwilliger und bewusster Verzicht möglich. Stattdessen kommt es zu einer möglicherweise unbewusst bleibenden Bedürfnisenttäuschung, die sich oft als vage wahrgenommenes Gefühl der inneren Unzufriedenheit oder des Frustriertseins äußert. Als blinde Passagiere führen diese Bedürfnisse ein Eigenleben, das vom Bewusstsein oft als Bedrohung wahrgenommen oder als Schuldgefühl erlebt wird.

Wenn jemand z.B. große Angst vor seinen eigenen aggressiven Impulsen oder sexuellen Wünschen hat, wird er vermeiden, sich mit ihnen auseinanderzusetzen. Die Angst vor solchen als unangenehm erlebten Gefühlen führt dazu, dass Lebensmöglichkeiten eingeengt werden. Die Grundspannung, die zwischen Real-Ich und Ideal-Ich besteht, kann nur in einer eingeschränkt-behinderten Form gelebt werden. Diese Behinderungen entstehen und beharren im Wesentlichen durch die Dynamik des Unbewussten.

– die krankhafte Form

Das Wissen um die eigenen Werte und Bedürfnisse ist nur ansatzweise vorhanden. Jemand merkt gar nicht, dass zwischen Werten und Bedürfnissen ein Unterschied besteht, geschweige dass er die Spannung zwischen beiden konstruktiv bewältigen kann. Er klagt z.B. über das Elend in der Welt und predigt vor der

Hauptkirche seiner Stadt mit der Idee, die Menschen zu »bekehren«. Zugleich vernachlässigt er aber sich selber und wird obdachlos, weil er seine Miete nicht mehr zahlt. In diesem Fall liegt der Verdacht auf eine leichte oder schwerere Form der Persönlichkeitsstörung nahe. Im Extremfall kann eine psychotische Erkrankung vermutet werden.

Je klarer jemand seine Lebenswerte benennen kann und je realistischer er um seine Bedürfnisse weiß, desto mehr ist er fähig, sein Leben immer mehr auf Werte hin auszurichten und zugleich seine Bedürfnisse menschen- und situationsangemessen zu befriedigen – oder auf ihre Befriedigung zu verzichten. Und umgekehrt: Je weniger klar ein Mensch seine Lebenswerte benennen kann und je weniger deutlich er seine Bedürfnisse kennt, desto mehr blinde Flecken hat er und desto anfälliger wird er für Selbsttäuschungen sein.

Das Leben eines Menschen scheint mir dann geglückt, wenn es ihm gelingt, die Spannung zwischen Werten und Bedürfnissen in reifer Weise zu leben. Dann vermag er die verschiedenen Anteile des Ideal-Ichs und des Real-Ichs zu integrieren, ohne bestimmte Anteile abzuspalten oder einige auf Kosten anderer zu entfalten. Und es gelingt ihm weiterhin, die verschiedenen Anteile des Ichs so zu integrieren, dass dabei die persönlichen Bedürfnisse mit den eigenen Werten übereinstimmen.

In einem Selbsterfahrungskurs zum Thema »Beziehungsgestaltung« berichtet eine Studentin, dass sie seit einiger Zeit eine heimliche Beziehung mit ihrem Professor führt. Zunehmend bereite ihr die Situation Probleme. Mal verspreche ihr der Professor, sich von seiner Frau zu trennen und sie zu heiraten; dann wieder sei keine Rede davon. Sie selbst fühle sich einerseits geschmeichelt, dass sie als »kleine Studentin« die Geliebte des »berühmten Professors« sei, anderseits falle ihr die heimliche Beziehung immer schwerer, weil sie mit ihren Werten letztlich doch nicht so recht in Einklang zu bringen sei.

Die Beschäftigung mit ihren eigenen Werten und Bedürfnissen ermöglicht ihr die Einsicht, wie unfrei sie dadurch wird, dass der Professor Stillschweigen von ihr erwartet. Er hat davon den Vorteil, dass er sein Doppelleben weiterführen kann. Sie fühlt sich zunehmend beengt. Bewegung kommt in diese verfahrene Situation, als die Studentin nach dem Kurs das Schweigegebot bricht und ihrem Geliebten davon erzählt, dass sie ihr Problem im Kurs zum Thema gemacht hat. Daraufhin lässt er sie auf der Stelle in Ruhe. Mit der Zeit findet sie den nötigen inneren Abstand, kann die Beziehung von sich aus beenden und sich neu orientieren.

Nun kann man natürlich sagen: Hier hat die Studentin die Auseinandersetzung und den Streit mit dem Professor als realem Gegenüber gesucht und geführt – klar, denn ohne diese Grenzziehung hätte sie zu keiner Neuorientierung gefunden. Doch vorher hat sie mit sich selbst gestritten. Das Zweite Vatikanische Konzil würde sagen, dass sie mit ihrer »Zwiespältigkeit« gekämpft hat. Paulus würde wie im Römerbrief vielleicht sagen, dass in ihrem Inneren ein Kampf zwischen »Fleisch« und »Geist« oder zwischen dem »Gesetz der Vernunft« und dem »Gesetz der Sünde« stattgefunden hat. Wie auch immer man es ausdrückt: Indem sie sich mit der Beziehung zunächst für sich auseinandergesetzt hat, wurden ihre eigenen Werte und Grundhaltungen »hervorgelockt«. Ich muss nicht betonen, dass das nicht nur angenehm und leicht für sie war.

Mit sich selbst kam sie so weit überein, dass sie eine klare Sicht von ihren Werten und den eigenen bewussten und unbewussten Bedürfnissen gewann. Sie sah deutlich, wohin sie sich weiter im Leben entwickeln und welche Schritte sie deswegen tun wollte. So war sie nach einiger Zeit innerlich motiviert, die heimliche Beziehung zu beenden.

3. Streiten in nahen Beziehungen

»Sie müssen Ihren Partner nicht in Watte packen«, sagte ich vor einiger Zeit in einem Streit-Seminar zu einer Teilnehmerin. Und als sie weiter skeptisch blieb, wies ich darauf hin, dass sogar Jesus persönlich sich mit anderen gestritten und seine Gegner »Natterngezücht« und »übertünchte Gräber« genannt hat. Dass Konflikte am besten zu vermeiden sind, gehört immer noch zu den Überzeugungen vieler – nicht nur kirchlich sozialisierter – Menschen. Meine Erfahrung und Überzeugung ist dagegen, dass in einer Freundschaft und erst recht in einer erwachsenen Liebesbeziehung die Fähigkeit zu streiten dazugehört.

Nehmen wir den Fall, dass ein Mann und eine Frau sich ineinander verlieben. Anfangs werden sie sich nur ihre »Schokoladenseiten« zeigen, um beim anderen den allerbesten Eindruck zu machen. Das beginnt bei der Auswahl von Kleidung und Outfit, betrifft den Inhalt der Konversation und das ganze äußere Verhalten.

Wer verliebt ist, übersieht die kleinen Schwächen und Fehler des anderen und findet sie womöglich sogar »süß«. Er sieht sein Gegenüber so, wie er/sie es gerne haben möchte; das ist die rosarote Brille. Damit aus Verliebtheit Liebe werden kann, ist es notwendig, den anderen so zu sehen, wie er/sie tatsächlich ist. Dann kann ich ihn in seinem So-Sein akzeptieren. Der Frosch muss wie im Märchen an die Wand geworfen und entzaubert werden, damit der Prinz zum Vorschein kommen kann. Das ist ein ernüchternder und bisweilen schmerzhafter Prozess.

Was für eine Liebesbeziehung gilt, das gilt auch für eine Freundschaft. Wenn ich meinem Freund/meiner Freundin so begegnen will, wie er wirklich ist, und nicht, wie ich ihn gerne haben möchte, dann muss ich Irritationen, Störungen und Konflikte ansprechen und mich darauf ansprechen lassen. Ich muss dem anderen die Chance geben, mein Bild von ihm zu revidieren. Es geht darum, die Beziehung zu vertiefen, und nicht darum, den anderen zu ändern. Aber wie geht das, ohne dass ich ihn verletze?

Bekannt ist das Bild und Modell des Eisbergs. Nur etwa ein Siebtel seiner Masse ragt aus dem Wasser heraus. Der größte Teil liegt unter der Wasseroberfläche. Sichtbar ist nur die sprichwörtliche »Spitze des Eisbergs«. Der unter Wasser liegende Hauptteil kann Ausläufer in wuchtigen Formen haben, was ihn so gefährlich für die Schifffahrt macht. Darum müssen Schiffe unbedingt einen Sicherheitsabstand einhalten.

Wenn ich diesen Teil nicht respektvoll beachte, dann kann er großen Schaden verursachen, was nicht erst der Untergang der »Titanic« zeigt. Ähnlich ist es auch beim Streiten. Was Menschen sehen und wahrnehmen, ist nur der geringste Teil. Wenn man nicht beachtet, was unter der Oberfläche liegt, kann man einen Konflikt nur unzureichend verstehen. Es ist klug, nicht gleich den Streitpunkt in den Blick zu nehmen, sondern sich erst einmal einen Überblick aus der Distanz zu verschaffen.

Sichtbar ist beim Streiten in der Regel die Sachseite: Anliegen, Vorgaben, zu bewältigende Aufgaben, Arbeitsinhalte und Sachinformationen. *Unsichtbar* ist fast immer der Untergrund: Interessen und Bedürfnisse, Sympathie und Antipathie, Vertrauen und Misstrauen, Gefühle, Beziehungsprobleme, aber auch die ganz per-

sönlichen Wertvorstellungen, ungeschriebene Gesetze und Tabus.
Was kann nun jemand tun, wenn er in einer Freundschaft oder in einer Liebesbeziehung den »verborgenen Teil des Eisbergs« ansprechen möchte? Ich schreibe dazu als Mann aus männlicher Perspektive. Ob die weibliche Perspektive grundsätzlich anders ist, sei dahingestellt.

Das Anima- und Animus-Konzept von C. G. Jung

Der Begründer der analytischen Psychologie, Carl Gustav Jung, stellt die Beziehung, die ein Mann zu seiner realen Partnerin hat, in den Zusammenhang mit dem eigenen unsichtbaren und zunächst unbewussten inneren weiblichen Seelenbild, das er »Anima« nennt.[5]
Die Anima (lat.: Seele) ist für Jung die *innere Frauengestalt* des Mannes. Sie ist das weibliche Element in seinem Unbewussten, seine »innere Frau«. Sie vermittelt ihm »weibliche« Eigenschaften wie Fürsorglichkeit, Weichheit, Beziehungsfähigkeit, Mütterlichkeit und Gefühlsbetontheit.
Sich ihrer bewusst zu werden bedeutet für den Mann, seine bisher nicht wahrgenommenen und zugelassenen Persönlichkeitsanteile zu integrieren. Bleibt die Anima unbewusst, wird sie auf eine Frau – in der Regel die Partnerin – projiziert. Manche Männer sprechen von ihrer Partnerin als ihrer »besseren Hälfte« und lassen ihre Gefühle stellvertretend durch ihre Frau leben: »Männer lassen lieben«, so ein Buchtitel aus dem Jahr 1990.[6]
Der Animus (lat.: Geist) ist die entsprechende *innere Männergestalt* in der Frau. Er vermittelt den Kontakt

mit »männlichen« Fähigkeiten wie Durchsetzungsfähigkeit, Willensstärke, Zielbewusstheit, Tatkraft, Rationalität.
Die Spannung zwischen der »inneren Frau« und der realen äußeren Partnerin wird jeweils neu in den Beziehungen erfahrbar, die ein Mann zu unterschiedlichen Frauen im Laufe seines Lebens aufbaut. Er muss lernen, seine projizierte Anima von der realen Frau zu unterscheiden, mit der er zu tun hat. Zu einer reifen Liebesbeziehung wird es erst dann kommen, wenn der Mann derartige Projektionen zurückzunehmen lernt.[7] Diese Lebensherausforderung kann sich oft erst zehn oder 20 Jahre nach der Eheschließung melden. Problematisch kann es werden, wenn Männer Reifungsschritte verzögern, weil sie als »ewig jugendlich« erscheinen möchten und übermäßig in betont männlichen Gruppen verharren wie Sport-, Freizeit- und Trinkzirkeln.
Nur am Rande sei angemerkt, dass in der katholischen Kirche diese Lebensaufgabe eine spezifische Herausforderung für zölibatär lebende Priester darstellt, die ja in der Regel in keiner festen Partnerbeziehung leben. Die Problematik beginnt dort, wo die Seminarerziehung die (angehenden) Priester in einer Lebensphase als Heranwachsende fixiert, so dass zentrale Entwicklungsaufgaben gewissermaßen eingefroren werden und stattdessen quasi-adoleszente Nischen mit eigenen Gewohnheiten, Sitten und Bräuchen entstehen. Wer wie ein kostbarer Prinz verhätschelt wird, kann dann in einer »Enkel-Mentalität« verharren, bevor er – oft sehr massiv – mit den »Großvätern« der kirchlichen Hierarchie konfrontiert wird.[8]
Nach C. G. Jung sind bei einer Beziehung zwischen zwei Menschen immer gleichsam vier Personen im

Spiel, nämlich Mann und Frau sowie Animus und Anima. Insgesamt haben diese vier »Personen« sechs Ebenen der Beziehung zueinander, die in jeder »realen« Beziehung alle ständig mitschwingen.[9]

Auf der bewussten Ebene erlebt ein Mann eine reale Frau. Gleichzeitig begegnet ihm auf der unbewussten Ebene eine »dunkle Ahnung« des möglicherweise bedrohlich erscheinenden Animus dieser Frau. Wie reagiert nun ein Mann auf dieses Rätsel? Eine erste Möglichkeit liegt darin, dass er das Rätsel negiert; er kehrt den Pascha heraus in der anmaßenden Überzeugung, er wisse schon, was eine Frau sei und wie er sie zu behandeln habe. Eine zweite Möglichkeit besteht darin, dass er den Rückzug antritt, da er sich dem zu gefährlich erscheinenden Animus der Frau nicht gewachsen fühlt.

Die dritte und einfachste Methode der »Nicht-Auseinandersetzung« mit der eigenen Anima besteht darin, sie auf eine reale Frau zu projizieren, die sich aufgrund gewisser Ähnlichkeiten mit dem inneren Frauenbild des betreffenden Mannes besonders gut dafür eignet. Dann sieht er statt der realen Frau z.B. die erlösende Fee, die zu erlösende Prinzessin oder auch die verzaubernde Hexe oder die mädchenhafte Meerjungfrau, die ihm den sicheren Boden unter den Füßen rauben will.

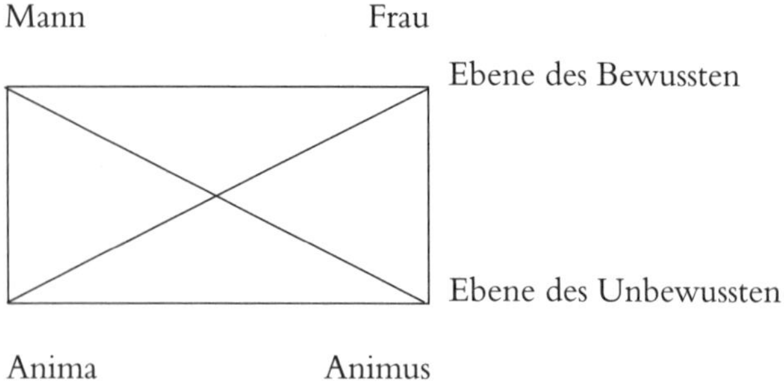

Aber wie kann ein Mann in guter Weise mit seiner Weiblichkeit und mit realen Frauen in Kontakt kommen? Anhand des abgebildeten Schaubildes lässt sich sagen, dass Konflikte dadurch entstehen, dass sich auf der bewussten und der unbewussten Ebene gegenläufige Tendenzen ausdrücken und zur Wirkung kommen, ohne dass zwischen den beiden Ebenen eine Verbindung besteht.
Die »Lösung« des Rätsels, wie sinnvoller Umgang von weiblichem und männlichem Miteinander gelingt, liegt in der Vertikalen und der Diagonalen. In dem Maße, wie ein Mann sich dem eigenen Unbewussten zuwendet, also die Vertikale bearbeitet und in einen echten Kontakt kommt mit dem zunächst noch unbewussten gegengeschlechtlichen »Partner« in sich, wird er nicht nur seine eigene Ganzheit erfahren, sondern dadurch auch ein zunehmendes Verständnis für die reale gegengeschlechtliche Partnerin bekommen.
Wenn ein Mann es nicht mehr nötig hat, seine eigenen weiblichen Anteile auf eine Frau zu projizieren, wird ihm auch in der Diagonalen – gleichsam »von Mann zu Mann« – eine Begegnung mit dem Animus der Frau möglich sein, im Sinne eines wohlwollenden Interesses für die unbewusste, ihm gleichgeschlechtliche Seite der Partnerin. Dann wird sich die Frau in ihrer männlichen Seite vom Mann verstanden fühlen und der Mann in seiner weiblichen Seite von der Frau.

Die Realitäten sehen und sich dem Leben stellen

Nun mag, wer bis hierher gelesen hat, einwenden, diese Überlegungen seien doch zu idealtypisch und im konkreten Leben gebe es leider auch verfahrene Streit-situationen, die sich nicht verändern lassen. Ich bin sofort bereit, dies zuzugeben. Manchmal bleibt uns Menschen nur anzuerkennen, dass auch beim besten Willen aller Betroffenen ein konstruktiver Streit nicht gelingt und eine Versöhnung unmöglich ist. Dies mag uns helfen, mit ein wenig mehr Demut und Geduld die eigenen Schwächen und die der anderen zu ertragen. Es gibt eben schmerzhafte Trennungen und gerade bei älteren Paaren Arrangements und Kompromissbildungen, die nicht immer so optimal verlaufen, wie man sich das idealtypisch gerne vorstellen mag.

Ein weiser älterer Priester erzählte mir dazu eine kleine Begebenheit aus seiner Kindheit im Münsterland in der Mitte des vergangenen Jahrhunderts. Die Landwirte konnten sich damals meist noch keine Traktoren leisten, sondern nutzten Pferde für die Feldarbeit. Wenn im Herbst ein Feld abgeerntet war und unerwartet ein Gewitter aufzog, musste es schnell gehen, um die Ernte in die Scheune zu bringen. Da spannten die Bauern schon mal ein Pferd und eine Kuh gemeinsam an, um den Erntewagen vom Feld in die Scheune zu ziehen. »Das klappte so recht und schlecht in einer Notsituation«, erzählte der Priester, »aber kein Bauer hätte im Normalbetrieb mit einem Pferd und einer Kuh gemeinsam gepflügt.«

Ein eindrucksvolles Bild: In einer Notsituation kann man sich schon mal irgendwie zusammenraufen und arrangieren. Aber im »Normalbetrieb« ist es klüger, zu viel künstliche Gemeinsamkeit zu vermeiden, wenn man zu verschieden ist. Derselbe Priester hatte noch ein zweites Bild auf Lager: »Es gibt Fluchttiere und Angriffstiere. Und du kannst nicht aus einem Reh einen Tiger machen und nicht aus einem Tiger ein Reh.«

Noch einmal zurück zum Anfang des Kapitels: Für die oben erwähnte Kursteilnehmerin veränderte die »Erlaubnis« zu streiten ihre Beziehung zu ihrem Partner spürbar. Beide haben seitdem einmal im Monat einen festen »Konfrontations-Abend« eingeplant, an dem die unerledigten Reste auf den Tisch kommen; und wie sie einige Zeit später berichteten, vertiefte das ihre Beziehung deutlich.

Und was kann die ignatianische Spiritualität dazu beitragen? Manche Menschen, die einen spirituellen Weg begonnen haben, machen gute Erfahrungen mit dem betenden Tagesrückblick. Sie halten am Ende des Tages im Gebet »Lagebesprechung« mit Gott. Sie schauen auf den zurückliegenden Tag und lassen Gott zuschauen. Das ist etwas grundlegend anderes als eine Gewissenserforschung, bei der es darum geht, die eigenen Fehler und Sünden aufzuspüren. Wer diese Gewohnheit in seinen Alltag einbaut, folgt meist einem schon von Ignatius entwickelten Ablauf:

1. *Als Erstes danken Sie Gott für das Gute, dass Sie heute erlebt haben.*
2. *Dann bitten Sie ihn darum, dass Sie jetzt mit sich selbst ehrlich sind und sich nichts vormachen.*
3. *Nun gehen Sie den Tag durch und schauen sich an, was Sie heute getan, gesagt, gedacht haben, was gut war und was nicht gut war.*
4. *Sie bitten Gott um Verzeihung für das, was nicht recht war.*
5. *Zum Abschluss blicken Sie auf den kommenden Tag und nehmen sich vor, was Sie mit Gottes Hilfe anders und besser machen wollen.*

Die Erfahrung zeigt allerdings, dass diese Form des Tagesrückblicks beim Streiten in nahen Beziehungen oft wenig fruchtbar wird. Das ist besonders dann der Fall, wenn Menschen, die etwas verändern wollen, sich zu viel auf einmal oder unrealistische Dinge vornehmen. Konkret gesprochen: Wenn Sie sich allgemein vornehmen, mit Ihren Mitmenschen künftig konstruktiver zu streiten, wird das kaum Auswirkungen auf Ihr Verhalten haben. Wenn Sie aber überlegen, wie Sie am nächsten Tag einem unangenehmen Kollegen begegnen wollen, könnten Sie nach einigen Anläufen vielleicht einen kleinen Fortschritt feststellen.

Ignatius schlägt deswegen vor: Wenn Sie in Ihrem konkreten Verhalten etwas verändern und einen Fehler oder eine Unvollkommenheit abstellen wollen, dann nehmen Sie sich jeweils nur *eine einzige Sache* und nicht zweierlei auf einmal vor (EB 24–31). Und sehr wichtig ist es, den jeweils *nächsten Schritt* zu planen, nicht den drittnächsten und auch nicht den übernächsten. So ist es realistischer, sich vorzunehmen: »Morgen mache ich mit meinem Partner/meiner Partnerin einen Termin aus für ein klärendes Gespräch«, statt: »Morgen spreche ich endlich an, was mich schon so lange belastet«, und erst recht nicht: »Jetzt gleich will ich mit dir anschauen, welche Leichen wir beide noch im Keller haben.«

Ein Beispiel: Ein Paar hat sich in zwanzigjähriger Ehe zermürbt, gibt der Beziehung aber noch eine Chance. Der nächste Schritt ist nicht, Verabredungen über das künftige Zusammenleben zu treffen. Der nächste Schritt ist vielleicht, einen gemeinsamen Termin bei der Paarberatung zu machen oder noch davor: zu besprechen, ob man ebendieses will und wer von beiden im gegebenen Fall dort anruft und den Termin vereinbart.

Weiter rät Ignatius, »dass man Rechenschaft von seiner

Seele fordere über jene besondere Sache, die man sich vornahm und von der man sich zu befreien und zu bessern wünscht« (EB 25). Er war überzeugt, dass solche »Erfolgskontrolle« notwendig ist, um realistische Schritte zu gehen, statt Utopien nachzujagen.

4. Streiten in Gruppen und Teams

Wie kann man in Gruppen und Teams konstruktiv miteinander streiten? Ich denke dabei an Schulklassen, Jugendgruppen, Lerngruppen in der Erwachsenenbildung, Teams, die eine gemeinsame Aufgabe bewältigen wollen, haupt- und ehrenamtliche Vorstände von Vereinen, Pfarrgemeinderäte oder Kirchenvorstände.
Dabei gehe ich von folgender Definition aus: Eine *Gruppe* umfasst mehrere Menschen in überschaubarer Anzahl, die sich untereinander wahrnehmen können, die in einer Beziehung zueinander stehen, zwischen denen Interaktion möglich ist und die sich dieser Gruppe zugehörig fühlen.
Mit diesem in der Sozialpsychologie und Gruppendynamik üblichen Verständnis einer *Kleingruppe* wird deutlich, dass nur von einer Gruppe gesprochen werden kann, wenn diese über eine gewisse Zeit in konstanter Zusammensetzung zu einer gemeinsamen Aktivität zusammenkommt. Nur so entstehen ein Gefühl von Zugehörigkeit und eine gemeinsame Gruppenidentität.
Ein *Team* ist ein Zusammenschluss von mehreren Personen zur Lösung einer bestimmten Aufgabe bzw. zur Erreichung eines bestimmten Ziels. Als *Projektteam* wird ein Team bezeichnet, dem ein begrenzter zeitlicher Rahmen für die Bearbeitung einer bestimmten Aufgabe zur Verfügung steht.[10]
Idealtypisch gibt es in einer Gruppe also Zielsetzungen oder Aufgaben, gemeinsame Verantwortung für das Ergebnis sowie Strukturen und Vereinbarungen, so dass die Mitglieder bzw. die Teilnehmenden wenigstens in Ansätzen das Geschehen mitsteuern können

und sich ausdrücklich oder unausgesprochen auf ein gemeinsames Wertesystem beziehen.[11]
Prozesse und Interaktionen in Gruppen werden durch vier »Wirkfaktoren« beeinflusst:

- durch die einzelne Person, den Gruppenteilnehmer bzw. die Gruppenteilnehmerin (»Ich«),
- durch das Miteinander, das durch die Interaktion der Gruppenarbeit gestärkt oder auch geschwächt werden kann (»Wir«),
- durch das Anliegen, dessentwegen eine Gruppe zusammenkommt, die Aufgabe, die zu bewältigen ist (»Es«) und
- durch die Gegebenheiten und Rahmenbedingungen, in denen eine Gruppe arbeitet (»Globe«).[12]

Das Zusammenwirken dieser vier Faktoren ermöglicht oder verhindert lebendiges Lernen und kooperatives Arbeiten, transparente Interaktionen und wachstumsfördernde Kommunikation.

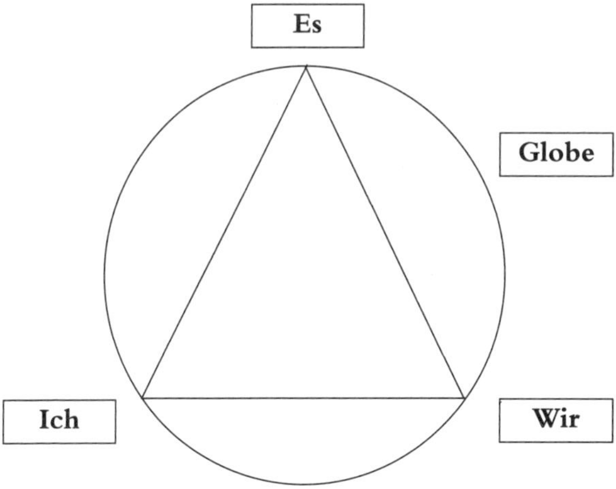

Jede dieser Einflussgrößen auf eine Gruppe und ihre Arbeit kann zur Quelle von Störungen und damit von Streit werden:[13]

- Der Gruppenteilnehmer, die Gruppenteilnehmerin kann über- oder unterfordert sein, Zweifel am eigenen Selbstwert bekommen, sich womöglich in der aktuellen Gruppe an »alte Geschichten« erinnern und dadurch in seiner Mitarbeit eingeschränkt sein.

- Im Miteinander kann es zu Unklarheiten in Nähe und Distanz kommen. Duzt man sich oder siezt man sich? Wird so etwas besprochen oder nicht? Wer kennt sich schon aus anderen Kontexten und wer ist neu und zum ersten Mal dabei und kennt die unausgesprochenen Gepflogenheiten der anderen noch nicht?

- Beim Anliegen, dessentwegen eine Gruppe zusammenkommt, kann es Unklarheiten in der Zielvorgabe geben. Wird hier lediglich beraten oder auch entschieden? Was sind die benannten Themen oder Anliegen und welches sind die »geheimen«?

- Der äußere Rahmen, in dem eine Gruppe zusammenkommt, kann förderlich oder hinderlich sein. Auch ganz große politische Ereignisse und das Weltgeschehen wie etwa die friedliche Revolution in Deutschland 1989 oder der 11. September 2001 beeinflussen u.U. eine Gruppe fundamental.

Die Erfahrung zeigt, dass die Zusammenarbeit in einer Gruppe umso fruchtbarer wird, je mehr es gelingt, diese vier Einflussgrößen zu beachten und bewusst zu

gestalten. Es hilft also, wenn jeder Einzelne sich bewusst wird, welche Rolle und Funktion er/sie in der Gruppe hat, wenn er sich identifizieren kann mit den Zielen oder zumindest um seine diesbezüglichen Schwierigkeiten weiß.
Es ist von großem Nutzen, wenn es eine »Kultur« von gemeinsamer Verantwortung gibt, regelmäßige Mitarbeiterbesprechungen und verbindliche Kommunikationswege und auch auf der informellen Ebene Maßnahmen, die das Gruppenklima pflegen wie informelle Treffen und gemeinsames Feiern.
Es hilft, wenn Aufgaben und Aufträge allen Beteiligten so klar wie möglich sind, wenn die jeweiligen Kompetenzen von allen gesehen und akzeptiert werden und wenn man nicht nur gemeinsame Ziele verfolgt, sondern auch voneinander weiß, dass man in den gemeinsamen Zielen übereinstimmt.
Und schließlich hilft es sehr, wenn eine Gruppe um die einwirkenden Einflüsse von außen weiß und um die Wirkung und Wechselwirkung des eigenen Tuns auf das Umfeld. Als beim Anschlag am 11. September 2001 die Türme des World Trade Center in New York zusammenstürzten, leitete ich gerade ein internationales Seminar. Einer der Teilnehmer war US-Amerikaner. Nachdem die Kursteilnehmer in den Nachrichten von den Ereignissen erfahren hatten, war es völlig undenkbar, einfach mit dem Seminar weiterzumachen. Wir mussten zuallererst Vereinbarungen treffen, wie wir uns auf diese Situation einstellen konnten und wollten.
Gute Lern- und Arbeitsergebnisse kann eine Gruppe vermutlich nur erreichen, wenn sie unabgelenkt bei der Sache bleiben kann und die einzelnen Gruppenmitglieder sich nicht mit ihrer Aufmerksamkeit aus

dem Prozess ausklinken. So etwas passiert immer wieder dann,

»– wenn das Tempo zu schnell oder zu langsam ist,
- wenn Beteiligte zu wenig beteiligt werden,
- wenn über die Konsequenz der gemeinsamen Arbeit nicht in Ruhe gesprochen werden kann,
- wenn kritische Fragen nicht gestellt werden dürfen oder nicht gehört werden,
- wenn in der Euphorie der guten Atmosphäre die eigentlichen Sachziele aus den Augen verloren werden,
- wenn Tabuthemen die Szene beherrschen«[14].

„Unterbrechen Sie das Gespräch, wenn Sie nicht folgen können!«

Ein erster Schritt zu einer Klärung und zu einem konstruktiven Streit in einer Gruppe ist es, das Gespräch bzw. das Geschehen zu unterbrechen, wenn man nicht wirklich teilnehmen kann, sich langweilt, verärgert oder in einer anderen Form unkonzentriert und abgelenkt ist. Es ist viel gewonnen, wenn es gelingt, Störungen nicht zu ignorieren oder zu bagatellisieren, sondern sie anzusprechen – also einfach zu sagen, was gerade los ist!

Die Vorstellung, es würde gelingen, dass in einer Gruppe nie gestritten wird, ist wohl so unrealistisch wie die Idee, man könne schwimmen lernen, ohne sich nass zu machen. Eine sorgfältige Planung der Arbeit und eine gute Leitung verhindern zwar, dass man unnötige Kämpfe führt auf Schauplätzen, auf die sie nicht hingehören. Aber die verschiedenen Einflussgrößen wirken nicht auf jeden Teilnehmer gleich ein. Und kaum jemals sind alle Beteiligten zur selben Zeit innerlich mit vollem Bewusstsein bei der Sache. Das bewirkt, dass es immer wieder zu Auseinandersetzungen und Streit kommen wird.

Für das Streiten in Gruppen kann als *erste Faustregel* gelten: Man soll die strittigen Fragen so tief – und *nur* so tief – bearbeiten, dass die Arbeitsfähigkeit der Gruppe wiederhergestellt wird. Technische Störungen sind in der Regel leichter zu beseitigen als existentielle. Und je mehr sich jemand persönlich angegriffen erlebt, desto schwieriger ist es für ihn in aller Regel, zu sich selber auf Distanz zu gehen und einen »kühlen Kopf« zu behalten.

Als *zweite Faustregel* kann gelten: Beim Streiten in Gruppen und Arbeitsteams bleibt man eher in der »oberen« Hälfte des Keils und bearbeitet die technischen und hoffentlich auch die kommunikativen Störungen. Viel Klarheit ist erreicht, wenn es gelingt, eine verfahrene Situation ausführlich aufzuschlüsseln und dadurch transparent zu machen. Beim Streiten in persönlichen Beziehungen und Freundschaften wird es notwendig sein, dass man sich miteinander ins »mittlere« Feld begibt und auch noch ein wenig »tiefer«. Die Erfahrung zeigt allerdings: Bearbeitungen von Streitpunkten im »unteren« Teil sind konstruktiv für die Beteiligten am ehesten in therapeutisch arbeitenden Gruppen möglich.[15]

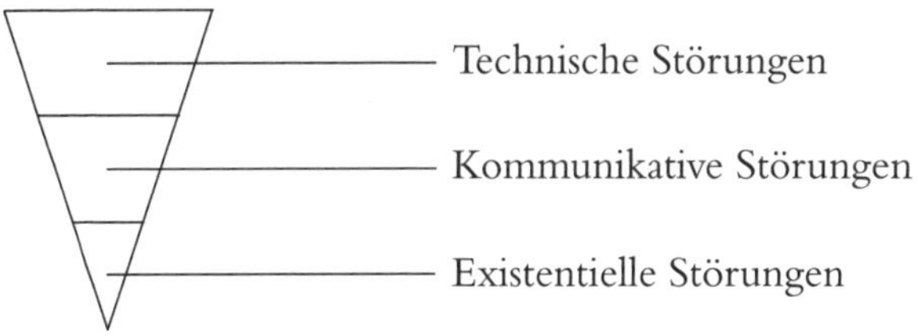

Aus der Handlungskonzeption der »Themenzentrierten Interaktion« nach Ruth Cohn sind die folgenden Kommunikationsregeln bekannt, die am besten als situativ sinnvolle Empfehlungen zur Streitkultur in Gruppen und Teams verstanden werden können.[16]

- Zur Selbstorganisation und Selbstleitung:
  - »Bestimme, was du reden oder wozu du schweigen willst und was du sagst.«
  - »Vertritt dich selbst in deinen Aussagen; sprich per ›Ich‹ und nicht per ›wir‹ oder per ›man‹.«
  - »Sei authentisch und selektiv in deinen Kommunikationen. Mache dir bewusst, was du denkst und fühlst, und wähle, was du sagst und tust.«
  - »Versuche in einer Sitzung, das zu geben und zu empfangen, was du selbst geben und empfangen möchtest von Situationen, Gruppe und Thema.«

- Zur Selbstaussage:
  - »Wenn du eine Frage stellst, sage, warum du fragst und was deine Frage für dich bedeutet. Sage dich selbst aus und vermeide das Interview.«
  - »Sei zurückhaltend mit Verallgemeinerungen.«
  - »Halte dich mit Interpretationen von anderen so lange wie möglich zurück. Sprich stattdessen deine persönlichen Reaktionen aus.«
  - »Wenn du etwas über das Benehmen oder die Charakteristik eines anderen Teilnehmers aussagst, sage auch, was es dir bedeutet, dass er so ist, wie er ist (d. h., wie du ihn siehst).«

- Zur Lenkung der Aufmerksamkeit:
  - »Beobachte Signale aus deiner Körpersphäre und beachte Signale dieser Art bei anderen Teilnehmern.«

- Zur Gesprächsorganisation:
  - »Unterbrich das Gespräch, wenn du nicht wirklich teilnehmen kannst.«
  - »Nur einer zur gleichen Zeit bitte.«
  - »Wenn mehr als einer gleichzeitig sprechen will, verständigt euch in Stichworten, worüber ihr zu sprechen beabsichtigt.«
  - »Seitengespräche (nicht: Schwätzer!) haben Vorrang. Sie stören und sind meist wichtig. Sie würden nicht geschehen, wenn sie nicht wichtig wären. (Vielleicht wollt ihr uns erzählen, was ihr miteinander sprecht?)«

Außen und innen im Licht des Glaubens sehen

In der ignatianischen Spiritualität sind die so genannten »Regeln zur geistlichen Unterscheidung« bekannt. Die Grundidee ist, mehr und mehr ein Gespür dafür zu entwickeln, welchen Antrieben und Bewegungen man folgen will und welchen besser nicht. Dazu lenkt Ignatius die Aufmerksamkeit in drei verschiedene Richtungen: auf die äußere *Lebensrealität* (das konkrete Umfeld, in dem man lebt), auf die Botschaft der christlichen *Offenbarung* (die in der Bibel niedergeschrieben ist und in der Kirche weitergegeben wird) und auf die eigene *Innenwelt* (die durch Selbstreflexion zugänglich wird). Durch diese drei Pole der Aufmerksamkeit wird sozusagen ein Spannungsfeld abgesteckt, innerhalb dessen Klärungsprozesse der geistlichen Unterscheidung stattfinden können.[17]

Konstruktiver Streit in Gruppen oder Teams hat eine spirituelle Dimension. Sie erschließt sich, wenn man auf die Wechselwirkungen dieser drei Pole aufmerksam

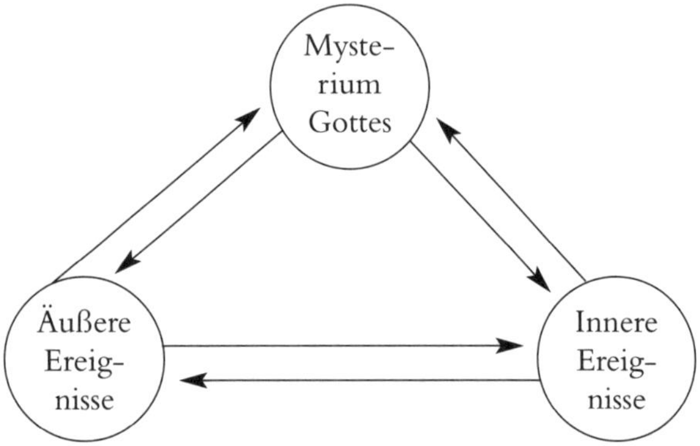

wird, ganz gleich, ob man als Leiter/-in oder Teilnehmer/-in involviert ist. Für eine Spiritualität des Streitens ist es wichtig, sowohl die eigenen Gefühle, Gedanken und Stimmungen als auch die Wahrnehmung dessen, was in der Gruppe los ist, »mit Gott in Berührung zu bringen«.

Meine Erfahrung und Überzeugung ist: Was wir nicht mit Gott in Berührung bringen, das holt sich der Teufel! Wenn es also nicht gelingt, auch heftige eigene Impulse und negative Gefühle mit Gott als dem tragenden Grund des Lebens – nicht mit dem eigenen Über-Ich – in Verbindung zu bringen, dann entfalten sie ein destruktives Potential, das mich selbst und andere zerstören kann. Und ebenso: Wenn es nicht gelingt, in einer Gruppe oder einem Team auch in starken Aggressionen und heftigen gruppendynamischen Prozessen »Gott zu suchen und zu finden«, dann ist stattdessen buchstäblich »der Teufel los«.

Ignatius war überzeugt, dass es möglich sei, Gott in allen Beschäftigungen zu suchen und zu finden, wenn wir unser ganzes Leben ganz auf ihn ausrichten. Das ist gar nicht so selbstverständlich. Nicht selten begegnet in kirchlichen Kreisen immer noch die Vorstellung, das Zusammenleben und -arbeiten müsse unter Christenmenschen konfliktfrei ablaufen und am besten sei es, wenn Streit und Auseinandersetzungen nicht vorkämen.

Eine befreundete evangelische Pädagogin erzählte mir kürzlich aus ihrer Kindheit, wie diese Vorstellung den Kindern und Jugendlichen als Tugend dargestellt wurde. Diese Tugend bezeichneten die Verantwortlichen als »Lindigkeit«, wohl nach der Bibelübersetzung von Martin Luther: »Eure Lindigkeit lasset kund sein allen Menschen« (Phil 4,5)! Tatsächlich seien die Vertreter dieser »Lindigkeit« voller eigener versteckter Aggression und Sadismus gewesen und ganz und gar unfähig, Konflikte zwischen den Kindern konstruktiv zu bearbeiten.

Immer ausgeglichen zu sein, matt und mittelmäßig vor lauter Contenance, halb starr und milde vor Aggressionsbewusstheit, stets bemüht, bewusst echt und voller Verständnis für alles und jeden zu sein – diese Vorstellung entspricht nicht dem christlichen Menschenbild und nicht der ignatianischen Spiritualität. In dieser Welt zu leben bringt es mit sich, durch Scharten und Runzeln, persönliche Verletzungen und öffentliche institutionelle Kämpfe gezeichnet zu sein und für sich und andere kämpfen zu müssen. Dass der Kampf mit Gott zu einer erwachsenen und gereiften Glaubensbeziehung dazugehört, wussten lebenserfahrene Männer und Frauen aller Zeiten. Dass Auseinandersetzung, Kampf und Streit unter uns Menschen eine religiös-spirituelle Dimension haben können, liest und hört man eher selten.

5. Streiten im Berufsfeld

Ignatius von Loyola war nicht nur als Soldat, sondern sein Leben lang ein kämpferischer Mensch. So ist es nicht verwunderlich, dass die ignatianische Spiritualität ein kämpferisches Moment hat, mehr noch: dass sie unter den großen christlichen Spiritualitäten die »Spiritualität des Kämpfens« ist.

In den Exerzitien stellt Ignatius zu Beginn der zweiten Exerzitienphase, in der es um Nachfolge Jesu geht, als Betrachtungsstoff ein inneres Bild vor. Man soll zusammen mit Gott das Erdenrund überblicken und dabei die Welt sehen, wie sie ist: Die einen Menschen leben im Frieden, die anderen führen Krieg und »schlagen und töten sich« (EB 101–109).

In dieser konkreten Welt, die so ist, wie sie ist, und nicht, wie man sie sich idealtypisch wünscht, will Gott Mensch werden. Der menschgewordene Gott, Jesus Christus, sucht Mitarbeiter, um seine »heilige Lehre über alle Stände und Lebenslagen auszubreiten« (EB 145). Wer dazu in seinen Dienst treten will, muss bereit sein, ihm »in der Mühsal zu folgen« und mit der »gleichen Speise zufrieden zu sein« wie er und ebenso mit »Tracht und Kleidung«. Und ebenso muss er wie Christus »bei Tag sich anstrengen und bei Nacht wachen« (z.B. EB 93).

Ignatius selbst betete: »Ewiges Wort, eingeborener Sohn Gottes, lehre mich die wahre Großmut. Lehre mich Dir dienen, wie Du es verdienst, geben, ohne zu zählen, kämpfen, ohne Ruhe zu suchen, mich einsetzen, ohne einen anderen Lohn zu erwarten als das Bewusstsein, Deinen heiligen Willen erfüllt zu haben.«

Mein Ordensmitbruder Willi Lambert hat versucht, diese Sichtweise auf unsere Zeit zu übertragen. Er hat zusammengestellt, was »ignatianisch kämpfen« in unserer heutigen Lebens- und Arbeitswelt praktisch heißt:[18]

- Zielklarheit gewinnen
- von der Ziel-Mittel-Relation als Prinzip und Fundament ausgehen
- Wirklichkeit wahrnehmen
- Entscheidungskultur pflegen: ganzheitlich und vernunftorientiert
- Wissen und Macht nahe beieinanderlassen
- flexibel kämpfen
- frei werden
- beharrlich kämpfen
- Verbündete suchen
- mit Widerständen rechnen und kämpfen
- aus Fehlern lernen
- die Kunst der Kommunikation pflegen
- Kultur des Übens
- Instrumente ausbilden und benutzen

Niemand kann beschließen, dass ihm eine solche Haltung und das daraus folgende Verhalten auf Anhieb gelingen. Üben und »dranbleiben« ist genauso wichtig wie der Faktor Zeit, um sich durch Misserfolge nicht abschrecken zu lassen. Die folgenden Erfahrungen mit Streiten und Kämpfen in verschiedenen Berufsfeldern sind solche Versuche.

Aus Auseinandersetzungen lernen

Eine Abiturientin macht ein berufliches Praktikum in einem Großraumbüro. Nach einer Teambesprechung nimmt sie sich vor, mehr auf diejenigen Kolleginnen zuzugehen, mit denen sie sich noch nicht so gut versteht, und besonders auf die, mit denen sich erste Konflikte abzuzeichnen beginnen. Sie backt einen Kuchen, verpackt die Kuchenstücke liebevoll und verteilt sie unter den Kolleginnen.

Als Reaktion erfährt sie aber nicht Dankbarkeit, sondern wird von einigen ausgelacht, andere tuscheln hinter ihrem Rücken. Auch die Chefin ist eher befremdet über das Geschenk und weist darauf hin, dass Geschenke zu machen in der »Kultur« der Organisation nicht üblich ist.

Die junge Frau ist völlig enttäuscht über die Reaktionen. Es braucht einige Zeit und mehrere Anläufe in der Nachbesprechung, bis sie versteht: Sie hat die »Kultur« ihres Arbeitsfeldes ziemlich falsch eingeschätzt. Dort ist es gänzlich unüblich, allzu viel Persönliches am Arbeitsplatz von sich zu zeigen, geschweige denn, einander Geschenke zu machen. Anderseits herrscht in der Dienstgemeinschaft eine recht gute Konflikt- und Streitkultur mit regelmäßigen Teambesprechungen. Es ist dort möglich und üblich, strittige Punkte der Zusammenarbeit offen anzusprechen und zu klären. Die Büroleiterin ermutigt sie, bei der nächsten Dienstbesprechung zu sagen, was ihr nicht gefällt, und ihre Schwierigkeiten vorzubringen.

Die Geschichte macht darauf aufmerksam, dass gut gemeint nicht gut genug ist. Oder anders gesagt: Motiv, Tat und Wirkung sind dreierlei. Das Motiv der Praktikantin war ohne Zweifel ehrenwert. Sie wusste, dass Zwistigkeiten unter Menschen unvermeidlich sind, und wollte nach der ersten Zeit im Praktikum vermeiden, dass aus kleinen Unstimmigkeiten große Missstimmigkeiten werden. Aber das Mittel, das sie anwendete, war das falsche, wie dann die Wirkung zeigte. Statt dass die Kolleginnen auf sie zugingen, machten sie sich über sie lustig.

Aus ihren Erfahrungen hat sie viel gelernt über Abgrenzung und Nähe und Distanz. Bei künftigen Tätigkeiten wird sie *vor* dem Handeln erst einmal hinschauen, wie die »Kultur« des jeweiligen Arbeitsfeldes ist. Und sie wird beachten, dass anders als in privaten Beziehungen und Freundschaften es in der Arbeitswelt meist nicht sehr klug ist, zu viel Persönliches von sich preiszugeben.

Ein Computerfachmann leitet in einem großen Unternehmen der IT-Branche eine Abteilung. Seit einiger Zeit hat ein gleichaltriger Mitarbeiter begonnen, mit ihm um den Abteilungsleiterposten zu rivalisieren. Er stellt vor Kollegen, aber hinter dem Rücken seines Vorgesetzten, dessen Entscheidungen in Frage und kritisiert ihn bei Besprechungen, wo er nur kann. Auch sonst lässt er keine Gelegenheit aus, deutlich zu machen, dass er sich selbst für viel besser geeignet hält, die Aufgaben des Chefs zu übernehmen.

Als der Vorgesetzte davon Kenntnis bekommt, stellt er ihn zur Rede: »Ich höre und habe den Eindruck, dass du gerne in unserer Abteilung die Führungsposition hättest. Es steht dir frei, dich um diese Stelle zu bewerben. Im Moment bin ich hier der Chef. Deswegen erwarte ich von dir, dass du *deine* Arbeiten erledigst und nicht *meine*. Wenn du etwas zu kritisieren hast, dann sage es mir. Ich werde es mir anhören und berücksichtigen, wenn ich davon überzeugt bin. Und jetzt geh an deine Arbeit!«

Ich will nicht für jeden denkbaren Fall empfehlen, so oder ähnlich zu verfahren. Der Punkt ist, dass der Vorgesetzte den »Flur-Funk« durchkreuzt und den Mitarbeiter zur Rede stellt und dabei offensichtlich eine Sprache gewählt hat, die in die Kultur seiner Einrichtung passt und die der Mitarbeiter auch versteht.

Der Computerfachmann hat sich hundertprozentig daran gehalten, dass Sachfragen auf der Sachebene und Beziehungsfragen auf der Beziehungsebene zu besprechen und zu klären sind. Anders als etwa in pädagogischen Kontexten spielen in seiner Branche Beziehungsfragen nur eine nachgeordnete Rolle. Deswegen blieb er streng auf der Sachebene. Er wies auf die vereinbarten Abläufe und Zuständigkeiten hin. Und auch der Satz: »Du kannst dich gerne auf die Führungsstelle bewerben, wenn du meinst, dass du das besser machen kannst als ich«, war keineswegs zynisch, sondern ein Hinweis auf eine realistische Möglichkeit.

Ein Pfarrer einer Großstadtpfarrei hat eine gute Arbeitsbeziehung zu seiner Gemeindereferentin. Er bezieht sie in seine Planungen mit ein und lässt ihr viel Freiheit, ihre eigenen Ideen einzubringen. Immer wieder fragt er sie in verschiedenen Tätigkeitsfeldern um ihren Rat. Dieses im Grunde vorbildliche Leitungsverhalten führt auf Seiten der Gemeindereferentin dazu, dass sie dem Pfarrer viel Persönliches von sich erzählt. Am Montagmorgen berichtet sie ihm recht ausführlich, wie das Wochenende gewesen ist. Sie erzählt nach den Ferien vom letzten Urlaub mit ihrer Familie, auch von ihren Schwierigkeiten in der Kindererziehung, und teilt darüber hinaus viel »Freud und Leid« mit ihrem Pfarrer.

Der Pfarrer geht zunächst auf diese Gesprächsebene ein. Mit der Zeit spürt er aber, dass er mehr und mehr in die Rolle gerät, eher zum Freund oder Berater zu werden. Er hat den Eindruck: Wenn er weiter so viel Persönliches anhört und auch von sich zeigt, gerät die Arbeitsbeziehung in eine Schieflage. Er wäre nicht mehr frei in seinem Leitungshandeln und es würde für ihn zunehmend schwieriger werden, dienstliche Anordnungen zu treffen.

Deshalb ändert er zunächst sein Verhalten. Am Montag früh und nach den Ferien hat er nicht mehr so viel Zeit für seine Gemeindereferentin wie bislang und teilt von sich aus auch weniger mit als bisher. Sein verändertes Verhalten wiederum irritiert die Gemeindereferentin, und das belastet die bisher gute Arbeitsbeziehung.

Dadurch merkt der Pfarrer, dass es nicht reicht, wenn er sein Verhalten einfach nur ändert, ohne sich zu erklären – dass es aber auch nicht klug wäre, seiner Mitarbeiterin zu sehr Einblick zu geben in seine persönlichen Überlegungen, weil er sich dann mit ihr genau auf die Ebene begeben würde, die er gerade nicht mehr mit ihr betreten will.

Als die Gemeindereferentin bei der nächsten Dienstbesprechung wieder ausführlich von sich zu erzählen beginnt, packt er die Gelegenheit beim Schopf und sagt sinngemäß: »Ich finde es gut, dass wir nicht nur rein sachlich miteinander kommunizieren. Aber ich merke auch, dass wir in der letzten Zeit in unserer Dienstbesprechung zu viel Persönliches besprechen und dass das Dienstliche dabei zu kurz kommt, wenn wir nicht aufpassen. Deswegen will ich darauf achten, dass das wieder besser in die Balance kommt, damit wir beide unsere Arbeit für die Pfarrei ordentlich machen können.«

Das Beispiel vom Pfarrer und von der Gemeindereferentin macht darauf aufmerksam, dass im Berufsfeld das Sachlich-Fachliche den Vorrang vor dem Persönlichen haben muss. Anders als die IT-Branche gilt die Kirche als ein Arbeitsfeld mit hohen Anforderungen an die kommunikativen Fähigkeiten ihrer Mitarbeiter. Mindestens genauso wie in pädagogischen Feldern sollen kirchliche Mitarbeiterinnen und Mitarbeiter zu intensiver und differenzierter »Beziehungsarbeit« fähig sein.
Das kann dazu verführen, nicht genügend zu beachten, dass auch kirchliche Mitarbeiterinnen und Mitarbeiter etwas leisten sollen und dafür bezahlt werden, dass sie – hoffentlich – Qualität abliefern. Und ebenso wie in allen anderen Arbeitsfeldern gilt, dass man klugerweise die Rolle des Chefs nicht vermischt mit der Rolle des Freundes oder des Beraters.
Beim Streiten im Arbeitsfeld stehen andere Aspekte im Vordergrund als bei Auseinandersetzungen in persönlichen Beziehungen oder in Freundschaften. Der Fokus der Auseinandersetzung liegt nicht in erster Linie darin, die Beziehungsebene zu thematisieren und die persönlichen Gefühle füreinander zu klären und durchzuarbeiten. Sondern es geht darum, die Kooperationsfähigkeit zu erhalten bzw. wiederzugewinnen und arbeitsfähig zu werden, wenn man die Arbeitsfähigkeit verloren hat.
Man wird also den persönlichen Hintergrund eines fachlichen Dissenses (nur) so weit besprechen, dass man wieder arbeitsfähig ist. Das bedeutet nicht, dass Kommunikation unwichtig oder zweitrangig ist. Aber man kommuniziert über die berufsbezogenen Herausforderungen und über die Beziehung zueinander nur so weit, wie es nötig ist, um wieder miteinander arbei-

ten zu können. Blättern sie noch einmal zurück zum Schaubild mit dem Keil im vorangegangenen Kapitel. Auch für konstruktives Streiten in der Arbeitswelt gilt: Man bearbeite die strittigen Punkte so tief – und *nur* so tief –, dass die Arbeitsfähigkeit wiederhergestellt wird. Hin und wieder höre ich dazu von Frauen, dass ein solches Vorgehen sehr »männlich-sachlich-realitätsbezogen« sei. »Was genau spricht denn eigentlich dagegen, die private Ebene im beruflichen Kontext explizit und unterstützend zuzulassen, solange die Arbeit nicht darunter leidet?«, fragte mich eine Freundin, mit der ich meine Sichtweise diskutiert habe. Es stimme einfach nicht, dass die Arbeitsfähigkeit leidet, wenn die Beziehungsebene in der Tiefe thematisiert wird. Eine spannende Frage! Vielleicht »ticken« Männer und Frauen in diesem Punkt wirklich verschieden …

6. Wie Jesus gestritten hat

Christinnen und Christen werden sich dafür interessieren, wie Jesus gestritten hat. Das zeigt ein Blick zurück in die Historie. Im zweiten Teil dieses Kapitels wird es darum gehen, zu sehen, welche Impulse daraus für heute folgen können.

„Ein Knecht des Herrn soll nicht streiten, sondern zu allen freundlich sein«, steht im Neuen Testament im 2. Timotheus-Brief (2 Tim 2,24). An diese Empfehlung hat Jesus sich nicht gehalten. Einerseits sagt er zwar von sich selbst, dass er »sanftmütig und von Herzen demütig« ist (Mt 11,29). Anderseits nennt er seine Gegner »übertünchte Gräber« und »Nattern und Schlangenbrut«.

Er wird richtig zornig, als er sieht, dass man aus dem Jerusalemer Tempel ein Shopping-Center und ein Bankinstitut gemacht hat, in dem sich alles nur ums Geld dreht. Voller Wut wirft er die Marktstände und Tische einfach um und jagt die Händler und Geldwechsler aus dem Tempel hinaus. Ob sich das eher am Anfang seines öffentlichen Auftretens oder am Ende zugetragen hat, ist für unsere Fragestellung zweitrangig.

Jesus, wie ihn uns die Evangelisten darstellen, ist nicht nur ein friedlicher Mensch. Er hat Feinde, die ihn schließlich ans Kreuz bringen. Er setzt sich mit seinen Gegnern aggressiv auseinander. Zwar mag die ganze Rede im 23. Kapitel des Matthäus-Evangeliums (»Wehe euch Schriftgelehrten und Pharisäern!«) nicht im Original von Jesus so gehalten, sondern als christliche Auseinandersetzung mit dem Judentum zu verstehen

sein. Dennoch dürfte sie seine wesentlichen Argumente enthalten.
Jesus rechnet damit, dass es sogar in der eigenen Familie »um des Evangeliums willen« zu Streit und Zwietracht kommen wird: »Denkt nicht, ich sei gekommen, um Frieden auf die Erde zu bringen. Ich bin nicht gekommen, um Frieden zu bringen, sondern das Schwert. Denn ich bin gekommen, um den Sohn mit seinem Vater zu entzweien und die Tochter mit ihrer Mutter und die Schwiegertochter mit ihrer Schwiegermutter; und die Hausgenossen eines Menschen werden seine Feinde sein. Wer Vater oder Mutter mehr liebt als mich, ist meiner nicht würdig, und wer Sohn oder Tochter mehr liebt als mich, ist meiner nicht würdig« (Mt 10,34–36).
Vielleicht hat Jesus bei der Tempelreinigung selbst vor Gewaltausübung nicht zurückgescheut. Er wirft die Stände und Buden um. Und wenn wir eher dem Johannesevangelium als den anderen Evangelien Glauben schenken, treibt er die Händler und Geldwechsler sogar mit einer Peitsche hinaus. Aber Jesus ist kein Fanatiker. Er differenziert durchaus zwischen den guten Absichten und den daraus folgenden Handlungen. Wenn wir erfassen wollen, *wie* Jesus gestritten hat, müssen wir auf die verschiedenen Personengruppen seiner Zeit schauen.
Zur Zeit Jesu bestimmen hauptsächlich die beiden Gruppierungen der Pharisäer und der Sadduzäer das religiöse und politische Leben des jüdischen Volkes. Die Pharisäer (wörtlich: die »Abgesonderten«) zählen an die 6000 Mitglieder. Zu ihnen gehören die Schriftgelehrten und die Gesetzeslehrer. Das jüdische Gesetz – die Tora – ist in Hebräisch geschrieben, das Volk spricht und versteht aber nur Aramäisch. So bildete

sich ein neuer Stand heraus, der das Gesetz verwaltete, in Vorträgen erklärte und in öffentlichen Diskussionen seine Anwendung auf das tägliche Leben zeigt.
Seit im 3. Jahrhundert vor Christus mit dem Hellenismus ausländische Kunst und Literatur, Theateraufführungen und Sportwettkämpfe auch in das jüdische Volk eindringen, bemühen sich die Pharisäer, das jüdische Gesetz und das »Erbe der Väter« gegen alles Fremde zu bewahren. Nach ihrer Lehre ist das jüdische Gesetz das Werkzeug, mit dem Gott die Welt geschaffen hat.
Jesus sieht durchaus ihren religiösen Ernst und ihren Eifer. Darin hat er einiges mit ihnen gemeinsam. Nach Mk 12,32ff stimmt ein Jerusalemer Pharisäer Jesus zu, die Tora im Doppelgebot der Gottes- und Nächstenliebe zusammenzufassen. Auch in der Erwartung des Reiches Gottes und einer Auferstehung aller Toten stimmten die Pharisäer mit Jesus überein. Sie warnen und retten ihn vor den Nachstellungen des Herodes. Ein Pharisäer sorgt nach seinem Tod für seine Beerdigung.
In seinen Streitgesprächen sind sie seine wichtigsten Diskussionspartner. Immer wieder ringt er mit ihnen um das rechte Verständnis, was er kaum täte, wenn ihm die Argumente seiner Gegner egal wären. Doch er kritisiert scharf, dass sie unter Berufung auf ihr Wissen die Gebote Gottes aushöhlten und die Unwissenden – und das sind die meisten Menschen unter dem »einfachen Volk« – im Namen ihrer eigenen Gerechtigkeit verachteten.[19]
Wer Schriftgelehrter werden wollte, hatte ein jahrelanges Studium zu absolvieren, das sich hauptsächlich um drei Punkte drehte: die Sabbatruhe, den Zehnten und die gesetzliche Reinheit. Den Schriftgelehrten öffnen

sich die führenden Stellungen in Rechtspflege, Verwaltung und Unterricht.
So wird verständlich, dass sie – wie einst die Propheten – als Lehrer und Verkünder des göttlichen Willens im Volke mit unbegrenzter Achtung und ehrfürchtiger Scheu verehrt werden. Ihre Worte haben absolute Autorität. Zur Zeit Jesu üben die Pharisäer einen so großen Einfluss aus, dass sich selbst angesehene Leute fürchten, sich öffentlich zu Jesus zu bekennen.
Erst wenn wir diesen zeitgeschichtlichen Hintergrund berücksichtigen, verstehen wir den Gang der Ereignisse im Leben Jesu. Es ist ein Wagnis ohnegleichen, als Jesus öffentlich und furchtlos diese Männer aufruft, umzukehren und Buße zu tun. Bereits von Anfang an herrscht ein Gegensatz zwischen Jesus und den pharisäischen Schriftgelehrten, der sich immer mehr verschärft und schließlich damit endet, dass die Pharisäer die Hinrichtung des »Pseudopropheten« aus Nazaret fordern. In schärfsten Worten geißelt Jesus die Veräußerlichung ihres religiösen Lebens.

– Ihr Beten: »Wenn ihr betet, sollt ihr nicht wie die Heuchler sein. Die lieben es, in den Synagogen und Straßenecken sich hinzustellen und zu beten, damit sie den Leuten in die Augen fallen. Wahrlich, ich sage euch, sie haben ihren Lohn empfangen. Wenn du betest, gehe in deine Kammer, mache deine Tür zu, und dann bete im Verborgenen zu deinem Vater, und dein Vater, der ins Verborgene sieht, wird es dir vergelten« (Mt 6,5.6).

– Ihr Fasten: »Wenn ihr fastet, macht kein finsteres Gesicht wie die Heuchler, denn die entstellen ihr Gesicht, damit die Leute merken, dass sie fasten.

Wahrlich, ich sage euch, sie haben bereits ihren Lohn. Wenn du fastest, salbe dein Haupt und wasche dein Antlitz, damit die Menschen nicht merken, dass du fastest, sondern allein dein Vater, der im Verborgenen ist« (Mt 6,16–18).

– Ihre Engstirnigkeit in der Beobachtung des Sabbatgebotes: Der Sabbat ist für den Menschen da und nicht umgekehrt, und »der Menschensohn ist Herr über den Sabbat« (Mt 12,1–8).

– Ihre kleinliche Ängstlichkeit in der Beobachtung der Zehntpflicht und der Reinheitsvorschriften: Sie machen Vorschriften über die Besteuerung von »Minze, Dill und Kümmel«, wie Jesus nicht ohne Ironie feststellt, aber das Wesentliche im Gesetz, »das Recht, das Erbarmen und die Treue«, beachten sie nicht (Mt 23,23–26).

Das Urteil Jesu ist hart, aber es kann nur dann zu einem falschen Bilde führen, wenn man grundsätzlich den ernsthaften und religiösen Charakter des Pharisäertums übersieht. Es ist eine Tragik, dass gerade der Eifer für das Gesetz Gottes bei diesen Männern, der religiösen Elite des Volkes, zu einer Erstarrung der Frömmigkeit führt.

Wenn Jesus mit den pharisäischen Schriftgelehrten streitet, dann wirft er ihnen vor: Sie schränken die Liebe Gottes zu den Menschen auf ihren eigenen Horizont ein. Sie sind blind für jede neue Idee, die ihrem Vorverständnis nicht entspricht; und sie weigern sich, in Jesus etwas anderes zu sehen als einen Betrüger oder Verbündeten des Teufels.

Für Jesus dagegen ist Gottes Wille *nicht* in den »Vorschriften der Alten« offenbar. Er selbst ist der authentische Interpret von Gottes Willen und stellt sich daher mit souveräner Freiheit über diese Überlieferungen. Er übt harte Kritik daran, dass die Pharisäer zwar den genauen Wortlaut des Gesetzes erfüllen und auf dessen strenge Einhaltung achten, aber den Sinn hinter den Gesetzen nicht beachteten: »Darum sage ich euch: Wenn eure Gerechtigkeit nicht weit größer ist als die der Schriftgelehrten und der Pharisäer, werdet ihr nicht in das Himmelreich kommen« (Mt 5,20).

Die Pharisäer misstrauen Jesus. Einerseits kennt er die heiligen Schriften genauso gut oder sogar besser als sie selber und ist ihnen rhetorisch und argumentativ überlegen. Anderseits bleibt ihnen nicht verborgen, dass er seine Beziehung zu Gott nicht wie sie nur aus Gelehrsamkeit und Studium bezieht, sondern aus einem direkten, liebevollen Verhältnis zu Gott, den Jesus in einzigartiger Weise als liebenswerten Vater, als »Papa« (»Abba«), bezeichnet. Jesus folgt nicht bloß den Regeln und Gesetzen der Schriften. Er überhöht sie, indem er nach ihrem eigentlichen Sinn fragt und einen »Neuen Bund« mit Gott predigt.

Jesus stört an den Pharisäern ihre fassadenhafte Frömmigkeit, mit der sie ihren Egoismus und ihren Unglauben kaum verbergen können. Er ist ein Affront für alle Frommen der damaligen Zeit. Er ist ein echter Religionskritiker, der darauf hinweist: Es geht nicht darum, toten Buchstaben zu folgen, sondern mit Gott eine lebendige und vertrauensvolle Beziehung unter dem einen maßgeblichen Gebot der Gottes- und Nächstenliebe zu leben.

Jesu Hauptgegner in der letzten Woche seines öffentlichen Auftretens in Jerusalem sind aber die hellenistisch gebildeten und wohlhabenden Sadduzäer. Sie gehörten den oberen Gesellschaftsschichten an und repräsentierten die konservative Priesteraristokratie. Sie bildeten eine fest geschlossene Gruppe mit einer ausgeprägten theologischen Lehre. Der Jerusalemer Tempel mit dem von allen Juden zu befolgenden Opferkult ist ihre Existenzgrundlage und ein wichtiger Wirtschaftsfaktor für ganz Palästina. Die Sadduzäer stellen den Hohenpriester, der auch höchster Richter für Kultfragen ist.

Jesus hat die Tempelpriester offenbar nicht grundsätzlich abgelehnt: In Galiläa sandte er Geheilte zu ihnen, damit sie deren Gesundung feststellten und sie wieder in die Gesellschaft aufnahmen. Er lobt die Tempelspenden einer armen Witwe als Hingabe an Gott, die er bei Reichen vermisst. Seine Auslegung des Gesetzes ordnet aber die Opfer im Tempel der Versöhnung mit Streitgegnern unter.

In ihrer Lehre anerkennen die Sadduzäer als oberste und höchste Norm des Judentums nur die Tora, das geschriebene Gesetz des Mose. Die mündlichen Überlieferungen lehnen sie ab, also die »Vorschriften der Vorfahren«, auf die sich die Pharisäer bei ihrer Auslegung des Gesetzes des Mose berufen. Damit stehen sie im Gegensatz zu den Pharisäern und bleiben religiös sozusagen auf einer »archaischen Stufe« stehen. So bestreiten sie die Auferstehung der Toten, weil sie diese im Gesetz des Mose nicht finden. Sie lehnen überhaupt jede von außen in das Judentum eingedrungene Lehre ab.

Jesus warnt seine Jünger vor allem im Matthäusevangelium vor ihnen: »Hütet euch vor dem Sauerteig der Pharisäer und Sadduzäer« (Mt 16,6). Und weil die Jünger die Symbolik seiner Rede offenbar erst nicht recht verstehen, erklärt er ihnen nochmals genauer, dass er damit ihre Lehre meint.

Zusammenfassend kann man zum Streitverhalten Jesu sagen:

- Jesus hat bei einem Streit die schwierigen Punkte klar und deutlich angesprochen – statt drum herum zu reden.

Jesus geht es nicht um buchstabengetreue Gesetzeserfüllung, sondern um eine Lebenshaltung, die den dahinterliegenden Sinn erfasst und was dieser für das praktische Leben bedeutet:

- Natürlich soll man nicht töten. Aber weil Menschen für gewöhnlich nicht täglich morden und töten, gilt für den Alltag, einander nicht moralisch oder juristisch fertigzumachen. Und deswegen spricht Jesus sehr konkret und bezogen auf die Verhältnisse seiner Zeit an, wie man sich verhalten möge, wenn man im Tempel opfern will oder mit einem Gegner auf dem Weg zum Gericht ist.
- Natürlich sind Ehebruch und Ehescheidung ein Übel. Aber noch davor liegen ungeordnete erotische Phantasien, in denen jemand sich zu verlieren beginnt.
- Natürlich soll man keinen Meineid schwören, aber am besten ist, wenn gilt: »Euer Ja sei ein Ja, euer Nein sei ein Nein, alles andere stammt vom Bösen!«
- Natürlich ist Wiedergutmachung von Unrecht erforderlich. Aber was macht man, wenn das Rechtswesen nicht richtig funktioniert? Jesus spricht sehr lebenspraktisch an, wie man als Sklave die Demütigungen seines Herrn unterwandert, wie man als

Habenichts vor Gericht bestehen kann und wie man pfiffig und kreativ die römische Besatzungsmacht austrickst.

- Jesus konnte konfrontieren. Er hat nicht auf das Amt oder die Funktion eines Gegners geschaut, sondern die »Sache« angesprochen, um die es ihm ging – statt aus »Menschenfurcht« die Person zu hofieren und den Streitpunkt zu verharmlosen.

Mit »Konfrontieren« meine ich, jemanden auf Aspekte seines Verhaltens aufmerksam zu machen, die der andere nicht sieht oder nicht sehen will oder kann. Jesus ist in einem offenbar »besseren Kreis« beim Pharisäer Simon zum Essen eingeladen (Lk 7,36–50). Eine »stadtbekannte Sünderin« salbt seine Füße mit Öl. Als Simon deswegen indigniert reagiert, konfrontiert ihn Jesus mit seinem Verhalten (Lk 7,44–47).
Dass Jesus nicht auf die Person schaute, erkannten auch seine Gegner an: »Meister, wir wissen, dass du immer die Wahrheit sagst und wirklich den Weg Gottes lehrst, ohne auf jemand Rücksicht zu nehmen; denn du siehst nicht auf die Person« (Mt 22,16).

- Jesus war sich seiner Gefühle bewusst und drückte sie menschenfreundlich und der jeweiligen Situation angemessen aus – statt sie zu verbergen oder zu verdrängen.

Als er in der Synagoge den Mann mit der verdorrten Hand heilen will und seine Gegner dazu »verstockt schweigen«, ist er »voll Zorn und Trauer über ihr verstocktes Herz« (Mk 3,1–6).

- Jesus erkannte die Fallen, die seine Gegner ihm stellten – und tappte nicht in sie hinein.

Ist es recht, dem Kaiser Steuern zu zahlen, oder nicht? (Mt 22,15–22). Die Frage ist eine Zwickmühle: Sagt er: »Ja, man darf dem römischen Kaiser Steuern zahlen«, dann hat er sich vor dem jüdischen Volk komplett diskreditiert. Sagt er: »Nein, das darf man nicht«, dann gibt er selber seinen Gegnern den Anlass, ihn wegen Aufruhr bei den Römern anzuzeigen. Jesus erkennt die Falle und tappt nicht hinein.

- Jesus konnte, wenn es sein musste, ein Streitgespräch auch beenden – statt fruchtlos weiterzudiskutieren und sich im Kreise zu drehen.

Als er einmal im Tempel lehrt, kommen die Ältesten des Volkes zu ihm und fragten, mit welchem Recht er das tut. Es geht ihnen dabei aber überhaupt nicht darum, ernsthaft eine Fragestellung zu klären. Sie wollen Jesus in die Enge treiben mit dem Ziel, ihn zu vernichten. Jesus beendet das Gespräch, weil es fruchtlos ist (Mt 21,23–27).

7. (K)ein Ende der Gewalt?

Wenn Sie bis hierher gelesen haben, dann könnte es ja sein, dass Sie meinen: Wenn man nur gut genug und in allen Lebensbereichen mit der wünschenswerten Klarheit streiten kann, dann gelingt das menschliche Zusammenleben wenn schon nicht wie von selber, so doch besser als ohne Streit. Aber leider lehrt das Leben, dass diese Sicht viel zu optimistisch ist und es in der Realität anders zugeht.

Nicht zuletzt das Lebensbeispiel Jesu zeigt, dass die beste Streitfähigkeit nicht verhindert hat, dass er am Ende seines Lebens gescheitert ist.[20] Wie bei Jesus gibt es seit Adam und Eva und vermutlich bis ans Ende der Welt immer wieder Situationen von Gewalt, die uns Menschen an die Grenzen unserer Streit-Fähigkeiten bringen. Das ist ganz realistisch zu sehen und nicht naiv auszublenden.

So möchte ich in der hier gebotenen Kürze die uns Menschen möglichen Mechanismen der Eindämmung und Vermeidung von Gewalt mit ihren jeweiligen Vor- und Nachteilen in vier Thesen und anhand einiger Beispiele darstellen und erläutern.

Wie kommt es, dass die Gewalt trotz guten Willens immer wieder fast ungehemmt ihren Lauf nimmt, wenn sie einmal ausgebrochen ist? Wie können wir darauf hinwirken, dass einmal ausgebrochene Gewalt zu einem Ende kommt? Gibt es eine Alternative dazu, die Dinge ihren Lauf nehmen zu lassen, zu warten, bis von selber ein Ende in Sicht oder ein Sündenbock gefunden ist? Und schließlich: Gibt es vielleicht gar einen spezifisch christlichen Beitrag dazu?

Gewalt beenden

Meine *erste These* lautet: Wenn Gewalt einmal ausgebrochen ist, gibt es vier Möglichkeiten, sie zu beenden:

- Eine noch stärkere Gegengewalt muss sie eindämmen, oder
- die beteiligten Konfliktparteien müssen sich gegenseitig ermüden, oder
- sie finden gemeinsam einen Sündenbock, oder
- sie schließen Frieden.

Alle diese Möglichkeiten haben allerdings auch entscheidende Nachteile. Ein Beispiel zu den nachteiligen Aspekten der ersten Möglichkeit kennt jede und jeder aus der eigenen Schulzeit. Konflikte und Rivalitäten in der Schulklasse bleiben in der Regel so lange »unter dem Teppich«, wie ein Lehrer oder eine andere Autoritätsperson dafür sorgt, dass sie nicht offen aufbrechen. Der Lehrer verkörpert sozusagen die eindämmende, noch stärkere Gegengewalt. Sobald aber der Lehrer in der Pause den Klassenraum verlässt, wird der unterdrückte Konflikt wieder aufbrechen und eskaliert nicht selten zu handfester Gewalt.

Auch die zweite Möglichkeit, Gewalt zu beenden, hat einen hohen Preis. Häufig finden Konflikte erst dann ein Ende, wenn die beteiligten Konfliktparteien sich gegenseitig so geschwächt und zerstört haben, dass an einer Fortsetzung der Gewaltanwendung keine Seite mehr interessiert ist. Ich vermute, dass gewalttätige Rivalitäten zwischen Cliquen und Gruppen oft nach demselben Schema zu einem Ende kommen. Dafür würde eine Erfahrung sprechen, die jede und jeder kennt, der mit Kindern zu tun hat: eskalierende Kissen- und Wasserschlachten finden – greift nicht eine

Autoritätsperson ordnend ein – in der Regel erst dann ein Ende, wenn die Kräfte erschöpft und deswegen der Kampfeseifer beider Seiten deutlich erlahmt ist.

Kommen wir zur dritten Möglichkeit: In jeder größeren Gruppe gibt es den so genannten »Omega-Typ«, den letzten in der sozialen Rangordnung, der sich entweder als Clown, als ewiger Opponent oder als Sündenbock bemerkbar macht. Jede und jeder wird sich ohne größere Schwierigkeiten an solche Sündenböcke erinnern. Solange die Gruppe dem Sündenbock die Schuld für alles das geben kann, was nicht klappt, wird in ihr selbst keine offene Gewalt ausbrechen; es scheint Frieden zu sein. Ist der Sündenbock aber einmal in die Wüste geschickt oder geopfert, zeigt sich alsbald, dass die nicht gelösten Konflikte wieder neu aufbrechen, der Frieden ein Schein-Frieden war und die Gewalt wieder neue Opfer in Form neuer Sündenböcke sucht.

Bleibt also nur die vierte Möglichkeit, Frieden zu schließen, um den ungehemmten Lauf der Gewalt dauerhaft zu unterbrechen. Doch auch dies ist alles andere als einfach. Denn wer mit einem anderen Frieden schließen will, geht das Risiko des ersten Schrittes ein. Jede und jeder kennt die Situation, in der zwei Kontrahenten dann bereit sind, Frieden zu schließen, wenn der andere auch dazu bereit ist: »Ich gebe auf, wenn du auch aufgibst!« Aber wird der jeweils andere sich an die getroffene Absprache halten, oder wird er die beabsichtigten vertrauensbildenden Maßnahmen alsbald zum eigenen Vorteil verwenden? Denn wer den ersten Schritt wagt, geht das Risiko ein, dass er übel ausgenutzt wird. Deshalb scheitern auch die Abrüstungsverhandlungen zwischen den Völkern meist daran, dass niemand zum ersten, sondern jeder immer erst zum zweiten Schritt bereit ist. Schließlich gibt auch das Lebensende Jesu von Nazareth ein beredtes Zeugnis davon, was geschieht, wenn ein Mensch das Risiko des ersten Schrittes bis zum Ende auf sich nimmt.

Bleibt also doch nur die Resignation, das Sich-Fügen in Unvermeidliches? Ich meine, dass letztlich nur das immer neue Mühen um Friedensschlüsse hilft, der Ausbreitung von Gewalt zu begegnen. Aber was gibt Menschen den Mut, das Risiko des ersten Schrittes zu wagen?

Damit komme ich zu einer *zweiten These*, und die heißt schlicht und einfach: Christen – und hoffentlich alle Menschen guten Willens – können den ersten Schritt tun und Frieden schließen.

Wer an Gott glaubt, kann das Risiko des ersten Schrittes deshalb auf sich nehmen, weil der vermeintlich erste Schritt – in der Sicht des Glaubens – tatsächlich bereits der zweite ist. Denn die christliche Begründung für das Wagnis des ersten Schrittes liegt darin, dass nach Auskunft der christlichen Botschaft Gott es ist, der als Erster auf uns zukommt und »bittet«, wir möchten uns durch das Angebot seiner Beziehung heilen und versöhnen lassen. Die Antwort des Glaubens – der »zweite Schritt« Gott gegenüber – besteht darin, dass wir anderen Menschen gegenüber zum Risiko des ersten Schrittes bereit sind.

Gewalt begrenzen

Ein weiterer Themenkomplex ergibt sich nun aus den Fragen: Wie können wir darauf hinwirken, dass Gewalt gar nicht erst ausbricht? Gibt es eine Alternative dazu, die Dinge einfach sich selbst zu überlassen und darauf zu vertrauen, dass es »so schlimm schon nicht

werden« wird? Und schließlich wieder: Gibt es vielleicht gar einen »spezifisch christlichen« Beitrag dazu?
Meine *dritte These* lautet: Damit Gewalt erst gar nicht entsteht, muss das Objekt, auf das sich die menschliche Begierde richtet,

- vervielfältigt oder
- zumindest geteilt oder
- vermieden werden, d.h., es muss auf es verzichtet werden.

Denn Gewalt entsteht aus Rivalität, und Rivalität entsteht immer dann, wenn ein »Objekt der Begierde«[21] von zweien oder mehreren zugleich begehrt wird. »Objekt« meint dabei nicht nur etwas Materielles, sondern auch Immaterielles wie den Wunsch, geliebt und beachtet zu werden. Ich lasse außer Acht, dass Gewalt auch aus Langeweile oder purer Lust auf Aggressionen entstehen kann.
Wieder ein paar Beispiele: Ein Kind hat eine Schokoladentafel oder ein Spielzeug geschenkt bekommen. Es herrscht so lange Frieden zwischen ihm und anderen Kindern, bis das Geschwisterchen oder der Spielgefährte dieselbe Schokolade oder dasselbe Spielzeug auch haben will. Dann fangen die beiden an zu streiten. Und schnell kann es passieren, dass das »Objekt der Begierde« dabei völlig aus dem Blick gerät, so dass sie sich nur noch miteinander zanken und nach einiger Zeit weder sie selbst noch irgendjemand sonst weiß, um was es eigentlich ging.
Oder wenn ich als Jugendlicher ein hübsches Mädchen sehr umschwärmt habe, mögen sich die Dinge nicht komplizierter angelassen haben, als es in solchen Lebenssituationen eben zu gehen pflegt. Schwierig bis völlig dramatisch wird die Sache aber dann, wenn ein Rivale auftaucht, der dasselbe hübsche Mädchen eben-

falls zu umschwärmen beginnt. Dann kann es schnell geschehen, dass die beiden vormals netten Jungen zueinander überhaupt nicht mehr nett sind, sondern sich als reinrassige Rambos und Rüpel entpuppen. Der umgekehrte Fall ist natürlich genauso denkbar.
Oder aus der Erwachsenenwelt: Jemand würde gern ein idyllisches Grundstück kaufen. Solange er der einzige Kaufinteressent ist, geht alles gut. Taucht aber ein Mitbewerber um das Grundstück auf, so werden aus braven Bürgern oft unausstehliche Widerlinge, die miteinander nur noch über ihre Anwälte korrespondieren. Weit dramatischer ist diese Situation natürlich dann, wenn zwei Völker etwa um ein Land streiten, wozu die gegenwärtige Situation in Israel/Palästina und auf dem Balkan ja Beispiele zur Genüge bietet.
Wie lässt sich in diesen und ähnlichen Fällen das Ausbrechen von Gewalt verhindern? Nach meiner These muss das »Objekt der Begierde« vervielfältigt, zumindest geteilt oder vermieden werden. Solange die Vervielfältigung möglich ist, gelingt das ja auch ganz gut: Vorausschauende Tanten und Onkel werden zur Geburtstagsfeier ihrer Neffen und Nichten nicht nur dem Geburtstagskind ein Geschenk mitbringen, sondern auch dessen Geschwistern, was allemal besser ist, als zur Teilung der einen Tafel Schokolade aufzufordern. Wer das einmal vergessen hat und dann erleben musste, wie der friedlich begonnene Kindergeburtstag aufgrund dieses Versäumnisses in tränenreiche Wutausbrüche abdriftete, wird in Zukunft die finanziellen Mittel für eine zweite Tafel Schokolade locker investieren.
Nun lassen sich zwar Schokoladentafeln und Spielzeuge teilen oder vervielfältigen. Schwieriger wird die Sache aber schon beim zweiten Beispiel. Denn hübsche Mädchen und nette Jungen lassen sich nun einmal

nicht so ohne weiteres aufteilen und finden sich auch nirgendwo in beliebig vervielfältigbarer Menge. Problematisch ist dieser Lösungsansatz also in allen Situationen, in denen sich das »Objekt der Begierde« weder teilen noch vervielfältigen lässt. So bliebe als dritte Möglichkeit der Gewaltvermeidung infolge ausbrechender Rivalität nach unserer obigen These: Das »Objekt der Begierde« muss vermieden resp. es muss auf es verzichtet werden. In der Tat: Wenn der zweite Junge das hübsche Mädchen aus dem obigen Beispiel nicht mehr begehrt, weil er statt auf Hulda inzwischen auf Gulda ein Auge geworfen hat, dann wird zwischen den beiden Rivalität, geschweige Gewalt erst gar nicht entstehen. Wenn der Käufer B das Grundstück, auf das Käufer A spekuliert, gar nicht haben will, werden beide in bestem Einvernehmen miteinander leben. Und wenn für das Volk C das Land, das das Volk D begehrt, ohne jedes Interesse ist, wird der Gedanke an Krieg und Gewalt erst gar nicht aufkommen. In Israel/Palästina oder auf dem Balkan wäre augenblicklich Friede, wenn eine Seite auf das »Objekt der Begierde« verzichtete.

Doch sind solche Gedanken leider reine Theorie und kommen fast nur im Märchen vor. Es fragt sich natürlich, ob das gleichsam naturgesetzlich so sein muss oder ob die Menschen nicht einfach teilen bzw. auf das »Objekt der Begierde« verzichten können.

Aber damit landen wir bei der Frage, was die Menschen dazu veranlassen könnte; und ich komme zu einer *vierten These*: Christen können teilen und verzichten, weil für sie unter den »Objekten der Begierde« *keines* so erstrebenswert ist, dass sie es um jeden Preis begehren müssten.

Damit meine ich Folgendes: Ein Grundproblem des

menschlichen Lebens und Zusammenlebens ist, dass Menschen immer wieder unmenschlich werden. Dieses den Menschen bedrohende Böse hat die Struktur von Gewalt und seiner Verschleierung durch Lüge. Die Wurzel egoistischen und verantwortungslosen Verhaltens, in dem man letztlich »über Leichen zu gehen« bereit ist, ist diejenige Angst des Menschen um sich selbst, die in seiner Verwundbarkeit und Vergänglichkeit, in seiner Todesverfallenheit begründet ist.

Die Angst des Menschen um sich selber kann so lange verborgen bleiben, als er sich nicht unmittelbar in dem bedroht fühlt, woraus er lebt. Sie gewinnt aber gerade dadurch Macht über ihn, dass er sich um jeden Preis abzusichern sucht. Denn so gerät er in Rivalität mit anderen Menschen, gegen die er sich erst recht sichern muss. Dies geschieht in direkter oder in struktureller Gewaltanwendung. Strukturelle Gewalt wird gewöhnlich mit dem Mittel aufrechterhalten, dass die Mächtigen andere Menschen zu Werkzeugen ihrer Unmenschlichkeit machen, indem sie sie bei ihrer Angst um sich selber packen.

Die christliche Botschaft beansprucht demgegenüber, eine Gewissheit mitzuteilen, die stärker als alle Angst des Menschen um sich selber ist. Sie will also den Menschen zu wahrer Menschlichkeit befreien. Dafür beruft sie sich darauf, »Wort Gottes« zu sein. »Wort Gottes« bedeutet nach der christlichen Botschaft, von Gott in dem mitmenschlichen Wort der Weitergabe des Glaubens angesprochen zu werden. Dieses Wort verkündet dem Menschen eine Leben und Sterben überdauernde Gemeinschaft mit Gott. Wer im Vertrauen auf die verlässliche Gemeinschaft mit Gott lebt, lässt sich in seinem Verhalten letztlich nicht mehr von der Angst um sich selber leiten.

Er wird vielmehr mit all seinen Möglichkeiten dem Wohl der Menschen zu dienen suchen und die Mechanismen aufdecken, die zu Rivalität und Gewalt führen. Dabei leitet ihn die Hoffnung, dass diese Mechanismen dadurch ihrer Wirksamkeit beraubt werden, dass der Mensch mit seiner eigenen Bosheit konfrontiert wird. Und wo das nicht gelingt, bringt er – auf die Spitze getrieben – eher die Bereitschaft auf, sich selbst unterjochen zu lassen, statt andere zu unterdrücken.

Das meinte wohl Jesus, wenn er in der Bergpredigt sagte: »Leistet dem, der euch etwas Böses antut, keinen Widerstand, sondern wenn dich einer auf die rechte Wange schlägt, dann halte ihm auch die andere hin, und wenn dich einer vor Gericht bringen will, um dir das Hemd wegzunehmen, dann lass ihm auch den Mantel!« (Mt 5,39–40).

Man muss aber wohl zugeben, dass solches Verhalten selbst unter Christen nicht allzu oft gelingt, und so sagte schon Martin Luther realistisch und ernüchternd: »Ein wirklicher Christ ist sehr selten – er ist so selten als wie ein weißer Rabe.«

Immer wieder haben einzelne Menschen aus christlicher Motivation für sich selber so entschieden. Aber gewiss kann man solches Verhalten weder von anderen einfordern noch kann daraus eine ethische Leitlinie für alle werden. Wenn jemand nicht nur für sich, sondern auch für andere zu entscheiden hat, für Kinder oder Schutzbefohlene zum Beispiel, wird er die Konsequenzen gut abwägen müssen. Und erst recht wäre es mehr als fragwürdig, wenn ein Politiker nach dieser Maxime für die mehrheitlich aus »schwarzen Raben« bestehende ganze Gesellschaft Beschlüsse fassen wollte.

Zurück zum Anfang des Kapitels. Vermutlich wird es

Gewalt geben, solange es Menschen gibt. Es wird hoffentlich auch immer wieder Menschen geben, die sich nicht damit abfinden, Gewalt als naturgegeben hinzunehmen. Und sehr beherzt hoffe ich, dass es immer wieder Christenmenschen geben wird, die das Risiko des ersten Schrittes auf sich nehmen, wo auch immer sie ihren Platz im Leben finden werden.

8. »Zehn Gebote« zur Entwicklung einer Streitkultur

Streiten ist im Leben und Zusammenleben unvermeidlich. Das beginnt im eigenen Herzen, wenn Sie spüren, dass Ihre Werte und Ihre Bedürfnisse im Widerstreit miteinander liegen. Das geht weiter in Beziehungen, in Teams und Gruppen und Organisationen. Und hoffentlich sind die Zeiten unumkehrbar vorbei, in denen in unserer Gesellschaft eine selbsternannte oder sich auf göttliche Erwählung berufende Instanz in einem geheimen Zirkel zusammentritt und am nächsten Morgen einer erstaunten Öffentlichkeit verkündet, was zu tun und zu lassen ist und wie das von oben nach unten umgesetzt werden muss. Öffentliche Diskurse und politische Auseinandersetzungen sind ohne Streiten schlichtweg nicht denkbar.
Es gilt also, eine gute eigene »Streitkultur« zu entwickeln, die in diesen verschiedenen Lebensbereichen brauchbar ist. Dazu wollen die folgenden »zehn Gebote« anregen.

- Finden Sie heraus, zu welchem Streitverhalten Sie spontan am ehesten neigen.

Kein Mensch muss sich künstlich Situationen schaffen, in denen er streiten lernen kann, sondern das Leben liefert die Gelegenheiten dazu sozusagen »frei Haus«. Versuchen Sie wahrzunehmen, ob Sie eher ein »Beziehungstyp« oder eher sach-orientiert sind. Weder die eine noch die andere Ausrichtung ist besser oder schlechter als die andere. Und achten Sie dann darauf, ob Sie eher zum Forcieren neigen, zum Ausweichen oder Zudecken oder ob Sie eher Kompromisse schließen.

• Lernen und üben Sie zu konfrontieren.

Weil die Wahrheit nicht immer in der Mitte liegt, ist dieser Konfliktstil der wirksamste. Ihn zu praktizieren gelingt jedoch nicht von allein. Eine konstruktive Konfrontation baut darauf auf, Ich-Botschaften zu senden statt Du-Botschaften oder allgemeine Appelle. Man muss sich außerdem Zeit nehmen, um Beobachtungen, Gefühle und Überlegungen mitzuteilen. Erwartungen und Forderungen wollen besprochen und geprüft werden. Gut gemeint ist dabei nicht gut genug!
Ein konstruktives Gespräch, in dem Sie Ihr Gegenüber konfrontieren wollen, lässt sich nicht zwischen Tür und Angel führen. Man muss sich dazu – wie zu einem großen Dienstgespräch – verabreden. Und dann gilt es, das Wichtige wirklich klar und deutlich anzusprechen und nicht darauf zu vertrauen, dass es von allein geschieht. Das braucht Zeit und Übung. Man muss »dranbleiben«, um sich durch Misserfolge nicht abschrecken zu lassen.

• Finden Sie so klar wie möglich heraus, was Ihre Werte und Bedürfnisse sind.

Dabei hilft es sehr, die Bedürfnisse, Gefühle und Begierden zunächst einmal wahrzunehmen, sie aber nicht

moralisch zu bewerten. Eine frühzeitige Bewertung verhindert in der Regel das Wahrnehmen aller Regungen. Viele Menschen haben verlernt, bestimmte Regungen bei sich wahrzunehmen. Unbequeme oder unerträgliche Gefühle werden im Laufe der Entwicklung oft verdrängt. Versuchen Sie doch einmal, Gefühle und Wünsche in sich wahrzunehmen und zuzulassen, die mit Ihrem Wertesystem *nicht* übereinstimmen!
Es kommt dabei sowieso nichts zu Tage, was nicht ohnehin der Fall ist! Vielleicht entdecken Sie dabei sogar: »Die Wahrheit wird euch frei machen« (Joh 8,32).

- Riskieren Sie in nahen und bedeutungsvollen Beziehungen, den »unsichtbaren Teil des Eisbergs« anzusprechen.

Es ist ein Irrtum zu meinen, dass in einer Freundschaft oder Liebesbeziehung irgendwann einmal alles geklärt sei. Wie langweilig wäre das! Die großen Themen des Lebens sind nie und nimmer geklärt. Sind sie es einmal anscheinend, so ist das ein Stillstand. Über Interessen und Bedürfnisse, Sympathie und Antipathie, Zuneigung und Ablehnung, Vertrauen und Misstrauen, Gefühle und Beziehungsgestaltung, persönliche Wertvorstellungen und Tabus müssen wir in nahen Beziehungen immer wieder neu nachdenken und »verhandeln«. Was muss als gegeben hingenommen werden und was ist veränderbar?
Wenn Sie eher ein »Reh« sind, versuchen Sie nicht, zum »Tiger« zu werden – und umgekehrt. Rechnen Sie beim Streiten in nahen Beziehungen mit der geballten Wucht von starken und heftigen Gefühlen, die

wir im bürgerlichen Alltag gern verdrängen. In wirklich schwierigen und verfahrenen Lebenssituationen ist es keine Schande, externe Unterstützung und Beratung in Anspruch zu nehmen.

- Versuchen Sie bei jedem Streit so klar wie möglich zu erfassen, *in welchem Bereich* die Streitpunkte vorrangig angesiedelt sind.

Das Dreieck im Kreis aus dem vierten Kapitel mit den vier Faktoren Individuum, Gruppe, Anliegen, Gegebenheiten ist ein hilfreicher Kompass zum Sortieren und Analysieren, was wohin gehört. Welche Aspekte eines Streites haben ihre Ursache in den Besonderheiten einer beteiligten Person und sind also vorrangig dort zu klären? Was liegt an unzureichender Kommunikation? Wo ist man bei aller menschlichen Wertschätzung in der Sache uneins und will das auch nicht verschleiern? Und wo verhindern schlechte oder unzureichende Strukturen, dass eine Organisation oder ein System sich weiterentwickelt?
Eine Störung in einem dieser Bereiche nicht zu beachten führt oft dazu, dass sie sich wie ein Lauffeuer verbreitet und der Streit die anderen Bereiche auch noch infiziert.

- Im Berufsfeld hat das Sachlich-Fachliche den Vorrang vor dem Persönlich-Individuellen.

Nicht selten entstehen im Berufsfeld Freundschaften, und manches Ehepaar hat sich im Arbeitsfeld kennengelernt, nachdem man lange und intensiv am selben

Projekt miteinander zu schaffen hatte. Aber zunächst haben sich Menschen, die durch einen Arbeitsvertrag im Berufsfeld zusammengeführt sind, nicht gegenseitig ausgesucht. Was sie verbindet, ist nicht in erster Linie die persönliche Sympathie. Sie sollen sich auch nicht gegenseitig heiraten, sondern konfliktarm und einigermaßen konstruktiv miteinander zusammenarbeiten.
Oft ist schon viel gewonnen, wenn man sich das Leben nicht schwerer macht, als es ist. Nicht alle können sich lieben und müssen sich auch nicht sympathisch sein! »Einer trage des anderen Last; so werdet ihr das Gesetz Christi erfüllen« (Gal 6,2), sagt der Apostel Paulus.

- Vermischen Sie nicht die Rolle des Vorgesetzten mit der Rolle des Freundes oder des Beraters.

Bei den Indianern gibt es den Häuptling und den Schamanen. Ein Stamm braucht beide Funktionen. Aber klugerweise vermischt man sie nicht in einer Person. In den Priesterseminaren der katholischen Kirche gibt es den Regens und den Spiritual. Der eine ist für den äußeren Bereich der Ausbildung und für die Disziplin zuständig, der andere für den Gewissensbereich und das persönliche Wachstum. Ein Rechtsanwalt hat andere Aufgaben als ein Staatsanwalt, ein *Er*mittler soll die Wahrheit herausfinden, ein *Ver*mittler Menschen ins Gespräch bringen.
Sicher ist es zu einfach, die beiden Rollen strikt nach dem Modell von »Sankt Nikolaus und Knecht Ruprecht« zuzuordnen: Der eine bringt die Geschenke, der andere haut mit der Rute zu. Aber klug ist es, die eigene Rolle und Funktion klar zu erfassen und nicht

zu vermischen mit Tätigkeiten, die mit ihr nicht vereinbar sind.

- Lernen Sie von Jesus von Nazareth.

Von Jesus lässt sich eine Menge darüber lernen, wie man miteinander konstruktiv streiten kann. Er hat bei einem Streit die schwierigen Punkte klar und deutlich angesprochen und nicht drum herum geredet. Er konnte meisterhaft andere konfrontieren. Er hat nicht auf das Amt oder die Funktion eines Gegners geschaut, sondern die »Sache« angesprochen, um die es ihm ging. Er kannte keine Menschenfurcht. Er machte anderen keine Angst und ließ sein Leben nicht von Angst bestimmen.
Jesus war sich seiner Gefühle bewusst und zeigte sie situations- und menschenangemessen. In Auseinandersetzungen erkannte er die Fallen, die seine Gegner ihm stellten, und tappte nicht in sie hinein. Und wenn es sein musste, beendete Jesus ein Streitgespräch, statt fruchtlos weiterzudiskutieren und sich im Kreise zu drehen.

- Schließen Sie Frieden.

In einem Streit können Christen das Risiko des ersten Schrittes auf sich nehmen. Die theologische Begründung dafür ist, dass der vermeintlich erste Schritt – in der Sicht des Glaubens – tatsächlich bereits der zweite ist. Denn nach Auskunft der christlichen Botschaft ist Gott selbst es, der als Erster auf uns zukommt und »bittet«, wir möchten uns durch das Angebot seiner Beziehung heilen und versöhnen lassen. Die Antwort des Glaubens – der »zweite Schritt« Gott gegenüber – besteht darin, dass wir anderen Menschen gegenüber zum Risiko des ersten Schrittes bereit sind.

- Entwickeln Sie die Bereitschaft zum Scheitern.

Die beste Streit-Fähigkeit ist keine Garantie dafür, dass man im Leben nicht dennoch scheitern kann. Für glaubende Menschen ist Scheitern nicht weniger schlimm als für Nicht-Glaubende. Sie verdrängen diese Möglichkeit nicht, sondern erkennen sie mit allen Konsequenzen wirklich an. Doch wer nach menschlichen Maßstäben scheitert, ist deswegen vor Gott nicht weniger wert, als wenn sein Leben gelingt. Mit den Augen des Glaubens gesehen, ist irdisches Scheitern nicht eine solche Katastrophe, dass sich an ihr Sein oder Nichtsein entscheidet.
Vor den Menschen keine Angst mehr zu haben gibt eine große innere Freiheit. Sie besteht darin, sich durch keine Macht der Welt mehr zu unmenschlichem Verhalten erpressen zu lassen. Sie macht es möglich, sich für die Rechte der Schwachen einzusetzen ohne Angst um sich selber. Eine Lebensaufgabe ist es, diese »christliche Gelassenheit« zu entwickeln, die im Glück nicht übermütig wird und im Unglück nicht verzweifelt.

Anmerkungen

[1] Die Zusammenfassung und die beiden Schaubilder verdanke ich Hans-Georg Ziebertz, Kommunizieren lernen über Konflikte, in: Katechetische Blätter 4/1993, 245–250.

[2] Die folgenden Überlegungen verdanke ich meinem Mitbruder Willi Lambert SJ.

[3] Die Quelle dieser Weisheitsgeschichte habe ich nicht verifizieren können.

[4] Siehe dazu: Hermann Kügler, Persönlichkeitsentwicklung in der Spannung zwischen Wertorientierung und Bedürfnisbefriedigung, in der Zeitschrift »Themenzentrierte Interaktion« 23 (2009/2), 17–23.

[5] C.G. Jung, Die Beziehung zwischen dem Ich und dem Unbewussten, in: GW 7, 127–248.

[6] Wilfried Wieck, Frankfurt am Main 1990.

[7] Verena Kast, Eine Auseinandersetzung mit dem Animus- und Anima-Begriff C.G. Jungs, in: Dies., Paare. Beziehungsphantasien – oder wie Götter sich in Menschen spiegeln, Zürich 1984, 157–177.

[8] Eckhard Frick und Helmut Remmler, Der Priester und die Anima, in: Ders. und Roland Huber (Hg.), Die Weise von Liebe und Tod, Göttingen 1998, 49–63.

[9] Helmut Remmler, Das Geheimnis der Sphinx. Archetypus für Mann und Frau, Göttingen und Zürich 1995.

[10] Siehe Judith Burghard und Mina Schneider-Landolf, TZI-Phasenmodelle und ihr Nutzen für die Teamentwicklung, in: TZI 2009/1, 71–84.

[11] Mehr dazu bei Barbara Langmaack, Einführung in die Themenzentrierte Interaktion, Weinheim Basel Berlin 5. Aufl. 2011, 95–97.

[12] Hermann Kügler, Vier-Faktoren-Modell der TZI, in: Handbuch Themenzentrierte Interaktion (TZI), hg. von Mina Schneider-Landolf, Jochen Spielmann und Walter Zitterbarth, Göttingen 2. Aufl. 2010, 107–114.

[13] Langmaack a.a.O., 143–145.

[14] Langmaack a.a.O., 138.

[15] Schaubild in Anlehnung an: Barbara Langmaack, Einführung in die Themenzentrierte Interaktion, Weinheim – Basel 5. Aufl. 2011, 151.

[16] Mehr dazu bei David Keel, Hilfsregeln, in: Handbuch Themenzentrierte Interaktion (TZI), hg. von Mina Schneider-Landolf, Jochen Spielmann und Walter Zitterbarth, Göttingen 2. Aufl. 2010, 195–200.

[17] Ausführlich bei: Franz Meures, Was heißt Unterscheidung der Geister?, in: Ordenskorrespondenz 31/1990, 272–291, Schaubild S. 284.

[18] Unveröffentlichtes Manuskript.

[19] Zum Folgenden: Gerhard Kroll, Auf den Spuren Jesu, Leipzig 12. Aufl. 2002, 185–189.

[20] Hermann Kügler, Scheitern. Psychologisch-spirituelle Bewältigungsversuche, Würzburg 2009, 39–49.

[21] Dieser Ausdruck stammt von dem französischen Kulturanthropologen René Girard.

In der Reihe **Ignatianische Impulse** sind bisher erschienen:

Band 1: Willi Lambert, **Das siebenfache Ja.** Exerzitien – ein Weg zum Leben
Band 2: Stefan Kiechle, **Sich entscheiden**
Band 3: Piet van Breemen, **Alt werden als geistlicher Weg**
Band 4: Heiner Geißler, **Glaube und Gerechtigkeit**
Band 5: Cordula und Ottmar Leidner, **Weil ich mit dir wachsen möchte.** Herausforderung Ehe
Band 6: Klaus Mertes, **Verantwortung lernen.** Schule im Geist der Exerzitien
Band 7: Karl Frielingsdorf, **Gottesbilder.** Wie sie krank machen – wie sie heilen
Band 8: Christian Troll, **Als Christ dem Islam begegnen**
Band 9: Bernd Hagenkord, **jugend@gott**
Band 10: Claudia Bausewein, **Sterbende begleiten**
Band 11: Willi Lambert, **Wovon die Liebe lebt.** Eucharistie und Lebenskultur
Band 12: Eckhard Frick, **Sich heilen lassen**
Band 13: Stefan Kiechle, **Macht ausüben**
Band 14: Franz Jalics, **Der kontemplative Weg**
Band 15: Ignatius von Loyola, **In allem – Gott**
Band 16: Gundikar Hock (Hg.), **Ergriffen vom Feuer**
Band 17: Michael Hainz, **Freundschaft mit Armen**
Band 18: Christian Herwartz, **Auf nackten Sohlen.** Exerzitien auf der Straße
Band 19: Albert Keller, **Sinn im Unsinn.** Worüber Jesuiten lachen
Band 20: Christoph Benke, **Sehnsucht nach Spiritualität**
Band 21: Alfred Delp, **Im Angesicht des Todes**
Band 22: Peter Balleis, **Leidenschaft für die Welt**
Band 23: Josef Maureder, **Mensch werden – erfüllt leben**
Band 24: Martin Maier, **Pedro Arrupe – Zeuge und Prophet**
Band 25: Jon Sobrino, **Der Preis der Gerechtigkeit**
Band 26: Piet van Breemen, **Im Geheimnis daheim.** Hilfen aus der Bibel
Band 27: Bernhard Waldmüller, **Gemeinsam entscheiden**
Band 28: Christian Rutishauser, **Christsein im Angesicht des Judentums**
Band 29: Thilo Esser/Meike Wagener-Esser, **Als Familie im Glauben wachsen**
Band 30: Elmar Mitterstieler, **Den verschwundenen Flüssen nachgehen.** Gedanken zur geistlichen Begleitung

Band 31: Felix Genn, **Es würde der Welt etwas fehlen.** Pastorale Impulse aus dem Geist der Exerzitien
Band 32: Hermann Kügler, **Versuchungen widerstehen?**
Band 33: Vitus Seibel (Hg.), **Was bedeutet Dir Jesus Christus?**
Band 34: Stefan Kiechle, **Spielend leben**
Band 35: Elke Rüegger-Haller, **Aufstehen und heilen.** Missbrauch und Exerzitien
Band 36: Eckhard Frick/Margret Fühles, **Schöpferisch im Spiel vor Gott.** Bibliodrama und Exerzitien
Band 37: Gabriela Grunden, **Wer glaubt, fragt**
Band 38: Hermann Kügler, **Scheitern**
Band 39: Klaus Mertes, **Widerspruch aus Loyalität**
Band 40: Ursula Dirmeier, **Nicht Furcht, sondern Liebe.** Geistliche Lebenskunst mit Mary Ward
Band 41: Christoph Benke, **Gott ist nicht kleinlich.** Über das christliche Maß
Band 42: Stefan Bauberger, **Der Weg zum Herzgrund.** Zen und die Spiritualität der Exerzitien
Band 43: Medard Kehl/Stephan Ch. Kessler, **Priesterlich werden – zwischen Banalität und Verklärung**
Band 44: Medard Kehl, **Mit der Kirche fühlen**
Band 45: Albert Keller, **Vom guten Handeln.** In Freiheit die Geister unterscheiden
Band 46: Klaus Mertes, **Sein Leben hingeben.** Suizid, Martyrium und der Tod Jesu
Band 47: Stefan Kiechle, **Warum leiden?**
Band 48: Anton Aigner, **Die Kunst des Leitens.** Erfahrungen – Einsichten – Hinweise
Band 49: Gundikar Hock (Hg.), **Freunde im Herrn.** Heilige und selige Jesuiten
Band 50: Willi Lambert (Hg.), **Von Ignatius inspiriert.** Erfahrungen und Zeugnisse
Band 51: Christian Herwartz, **Brennende Gegenwart.** Exerzitien auf der Straße
Band 52: Alex Lefrank, **In der Welt – nicht von der Welt**
Band 53: Hildegard Aepli, **Single – und wie?!** Erfülltes Leben mit unerfüllten Wünschen
Band 54: Hans-Dieter Mutschler, **Gemeinsam mehr von der Welt wissen.** Zum Verhältnis von Spiritualität und Naturwissenschaft
Band 55: Alfons Höfer, **Meine Worte suchen dich.** Gebete aus Not und Dank
Band 56: Hermann Kügler, **Streiten lernen.** Von der Rivalität zur Kooperation
Band 57: Cordula und Ottmar Leidner, **Ein hörendes Herz.** Jeden Tag Gottes Spuren finden